Stanisław Jerzy Lec
Sämtliche unfrisierte Gedanken

Stanisław Jerzy Lec

Sämtliche unfrisierte Gedanken
Dazu Prosa und Gedichte

Herausgegeben und aus dem Polnischen
übertragen von Karl Dedecius

Carl Hanser Verlag

5. Auflage 2022

ISBN 978-3-446-24665-2
© 1982, 1986, 1996, 2007 Carl Hanser Verlag GmbH & Co.KG, München
Alle Rechte vorbehalten
Einbandgestaltung: Hauptmann und Kompanie Werbeagentur GmbH,
München / Zürich, unter Verwendung eines Motivs von Jutta Bauer
Satz im Verlag
Druck und Bindung: Friedrich Pustet, Regensburg
Printed in Germany

MIX
Papier | Fördert
gute Waldnutzung
FSC® C014889

Alle unfrisierten Gedanken

Unfrisierte Gedanken

Fassen wir uns kurz.
Die Welt ist übervölkert von Wörtern.

Sesam öffne dich – ich möchte hinaus!

Espen zittern unter jedem Regime. Aber zum Kuckuck! Sie grünen auch unter jedem.

Viele, die ihrer Zeit vorausgeeilt waren, mußten auf sie in sehr unbequemen Unterkünften warten.

Ich sah einen Menschen, der aus einem leeren Gefäß in ein zweites goß. Ich fragte ihn, weshalb er dies tue. »Ich bin eine modernisierte Wasseruhr.«

Aus einer Reihe von Nullen macht man leicht eine Kette.

Sogar ein Glasauge sieht seine eigene Blindheit.

Manch eines Bäume wachsen manchmal so, daß ihre Früchte den Nachbarn auf die Köpfe fallen.

Hört ihr das Gestammel? Das sind die Chöre der Mitlaute nach der Extermination der Selbstlaute.

Das schwächste Glied einer Kette ist ihr stärkstes. An ihm reißt die Kette.

Nenne die Dinge nicht beim Vornamen, wenn du ihren Nachnamen nicht kennst.

Es gab Zeiten, da man die Sklaven legal kaufen mußte.

Schrecklich sind die Schwächen der Gewalt.

Die Uhr schlägt. Alle.

Analphabeten müssen diktieren.

Es ist schlimm, wenn ein einziger Herr eine große Menge Sklaven besitzt. Und ich denke, daß es nicht besser ist, wenn ein Sklave viele Herren hat.

Düstere Fenster sind oft ein klarer Beweis.

Wie übt man das Gedächtnis, um vergessen zu lernen?

Das Paragraphenzeichen allein sieht aus wie ein Folterwerkzeug.

Auch an Gedankenwegen lauern Räuber. Natürlich, auch sie halten sich für Intellektuelle.

So mancher Bumerang kommt nicht zurück. Er wählt die Freiheit.

Zwei Parallelen begegnen sich in der Unendlichkeit – und sie glauben daran.

»Du sollst nicht töten« klingt im Dekalog wie eine Mahnung, dabei ist es eine Entdeckung.

Vielleicht werden wir irgendwann unsere Seelen volkswirtschaftlich verwerten können?

Säge nicht am Ast, auf dem du sitzt, es sei denn, man wollte dich daran hängen.

Ecce homo – homini lupus est.

Erzählt nicht von euren Träumen. Vielleicht kommen die Freudianer an die Macht!

Seid wachsam! Ein mißachteter Analphabet könnte den Punkt über das i setzen.

Wir begreifen alles, und deshalb können wir nichts begreifen.

Wer fragt die These und die Antithese, ob sie eine Synthese werden wollen?

Siegesfrüchte? Birnen am Weidenholz.

Ohne die Kenntnis der fremden Sprache wirst du niemals das Schweigen des Ausländers verstehen können.

Wenn überhaupt keine Winde wehen – hat sogar der Wetterhahn auf dem Kirchturm Charakter.

Schade, daß man ins Paradies mit einem Leichenwagen fährt!

Wie viele Jahre Gefängnis entfallen auf die tausendneunhundertsiebenundfünfzig Jahre nach Christus!

Ein Hahn besingt sogar den Morgen, an dem er in den Suppentopf wandert.

Keine Reform unseres Kalenders kann die Zeit der Schwangerschaft verkürzen.

Hört auf, geistige Dürre fruchtbar zu machen.

Lernt Sprachen. Auch die nicht vorhandenen.

Wer in der Hölle Litzen trug – trägt auch im Himmel Achselstücke.

Das Gesicht des Feindes entsetzt mich, weil ich sehe, wie sehr es meinem eigenen ähnelt.

Ein Nashorn braucht in die Rubrik ›Besondere Kennzeichen‹ nicht einzutragen: ein Horn auf der Nase.

Die Ehe ist eine Institution. Reichen die Mitarbeiter auch aus?

Die Entdeckung Amerikas ist nicht das Verdienst der Amerikaner. Schande!

Im Anfang war das Wort – am Ende die Phrase.

Wenn Gerüchte alt werden, werden sie Mythos.

Kollidiert ein Mythos mit einem anderen – gibt es ein sehr reales Ereignis.

Wer ein gutes Gedächtnis hat, kann gewisse Dinge leichter vergessen.

Es gibt keinen Boden. Es gibt nur Hindernisse der Tiefe.

Die Winde ändern die Wegweiser.

Was hinkt – geht.

Wann kam das Ziel selbst zum Ziel?

Ich kannte einen Sonderling, der ein so falsches Gehör besaß, daß er – wenn er es mit einer Theorie untermauert hätte – gewiß eine umwälzende Rolle in der Geschichte der Musik gespielt hätte.

Als die Veilchen zu duften begannen, sagte der Kot: »Na und, sie bedienen sich des billigen Kontrastes!«

Man kann das »Lied der Freiheit« nicht auf dem Instrument der Gewalt spielen.

Wir teilen uns die Götter, und wie teilen die Götter uns?

Auch Sümpfe geben sich manchmal den Anschein der Tiefe.

Die Fetten leben kürzer. Aber sie essen länger.

Niemand möchte im Kuchen die Hefe schmecken, obwohl sein Teig gerade dank der Hefe wuchs.

Wenn schon Schilder, dann lieber »Eintritt verboten!« als »Kein Ausweg!«.

Was nutzen einem Eunuchen standesamtliche Trauungen?

Freiheit kann man nicht simulieren.

Gib acht, daß du nicht zufällig unter das Glücksrad eines anderen gerätst.

Wenn die Angst blaß ist, braucht sie Blut.

Wir beobachten eine interessante Erscheinung: Gestammel als Verständigungsmittel zwischen den Menschen.

Werde mit dir nicht zu vertraulich!

Ob Fische, die durch die Maschen des Netzes hindurchfallen, an Minderwertigkeitskomplexen leiden?

Der Schlüssel zu einer Situation steckt oft in der Tür des Nachbarn.

Wenn geschrien wird: »Es lebe der Fortschritt!« – frage stets: »Fortschritt wessen?«

Wenn ein Menschenfresser mit Messer und Gabel ißt – ist das Fortschritt?

Ex oriente lux, ex occidente luxus!

Man hatte ihn für einen anderen gehalten, aber seine Leiche gab man loyal zurück.

Ob die Bezeichnung: »Das ist ein *denkender* Mensch« ein Kompliment für die Menschheit ist?

So manche trügen gern die phrygische Mütze, wäre sie nur eine Tarnkappe.

In der Hölle ist der Teufel eine positive Gestalt.

Ein kleiner Schatten von einer großen Wolke! Wie seltsam!

Seltsam, wie schwer es ist – sogar in leeren Köpfen – ein Echo hervorzurufen.

Sprich nicht schlecht vom Menschen. Er sitzt in dir und belauscht dich.

Denkt daran: wenn der Teufel jemanden treten will, dann tut er es nicht mit seinem Pferdehuf, sondern mit seinem Menschenfuß.

Etwas ist faul im Staate Dänemark! Oh, wie riesengroß ist Dänemark.

Es bedarf großer Geduld, um sie zu lernen.

Alles liegt in Menschenhand. Und deshalb sollte man sie oft waschen.

Der Ton kehrt nie zur Saite zurück.

Den Blick in die Welt kann man mit einer Zeitung versperren.

Charaktere sind unzerbrechlich – aber dehnbar.

Ich hatte immer Angst vor ungeladenen Gewehren. Man schlug mit ihnen die Schädel ein.

Merkt euch: einen Stand hat immer nur der Jäger, niemals das Wild.

Müssen Menschen aus Stahl sein? Manchmal dünkt mich, sie sollten aus Blut und Knochen sein.

Auch Gesäße tragen Masken. Aus verständlichen Gründen.

Wer seinen Kopf verlor, dem tut er oftmals weh.

Woher weiß der Wind, in welche Richtung er wehen soll?

Er hatte eine so hohe Vorstellung von seiner Person, daß er sich manchmal wie ein Zwerg vorkam.

Schafft euch keine Götter nach eurem Vorbild!

Kanntest du vor Jahren eine Hyäne und begegnetest du ihr nach Jahren in der Gestalt eines Eichhörnchens wieder, dann möge dich das nachdenklich stimmen.

Wenn dein Feind einen falschen Schritt tut – gib acht! Ihr tanzt nach derselben Melodie.

Das Leben nimmt den Menschen sehr viel Zeit weg.

Die Heiligsprechung tötet in meinen Augen den Menschen, den ich für einen Heiligen halten könnte.

Man kann seinen Glauben wechseln, ohne seinen Gott zu wechseln.

Meist verzehren »tote Seelen« mehr als lebendige Bäuche.

Die Kundschaft des Todes stirbt nicht aus.

Der Zeitgeist erschreckt sogar die Atheisten.

Nicht jede Nacht endet mit einem Sonnenaufgang.

Auch Parteilose sind nicht parteilos. Sie sind für die Gerechtigkeit.

Aus Sümpfen sollte man keine Konsequenzen ziehen.

Die Helden der alten Mythen waren fast nackt, die Helden der heutigen sind völlig nackt.

Wenn ich im Jenseits meine Mörder wiedersehen soll, dann will ich schon lieber in dieser Welt mit ihnen leben.

Einen Leierkasten kann man rückwärts drehen, die Melodie nicht.

Im Kampf der Ideen fallen Menschen.

Den Menschen täte manchmal ein »lebensfreier Tag« gut.

Wer kein Gewissen hat, muß es mit dem Mangel desselben kompensieren.

Die Sadisten und die Masochisten sollten miteinander Selbstbedienungsgeschäfte, Trusts und Staaten bilden.

Auch Hellseherei ist Schwarzseherei.

Man kann in die Stellung des Feindes überlaufen, ohne seine eigene aufzugeben.

Alle Götter *waren* unsterblich.

Wunden vernarben, aber die Narben wachsen zusammen mit uns.

Es wäre mir lieber, David hätte Goliath mit der Harfe erschlagen.

Für Optimisten und Pessimisten: Lacht bis zu Tränen.

Rufe nicht nachts um Hilfe. Du könntest die Nachbarn wecken.

Hat ein des Rechnens unkundiger Mensch, wenn er ein vierblättriges Kleeblatt gefunden hat, kein Recht, glücklich zu sein?

Auch Masochisten bekennen bei der Folter alles. Aus Dankbarkeit.

»Mit Eunuchen kann man sich lange unterhalten« – erzählte eine Haremsdame.

Wir sahen uns in die Augen, und ich sah nur mich, und sie sah nur sich.

Man kann auch ein Virtuose des falschen Spiels sein.

Eine Tatsache bleibt immer nackt, auch wenn sie nach der letzten Mode gekleidet wäre.

Stünde bei uns die Kunst der Konversation höher, hätten wir keinen so hohen Bevölkerungszuwachs.

Sind nackte Frauen intelligent?

Wir haben aus roten Kopfkissenbezügen Fahnen gemacht, während andere aus Fahnen Bettbezüge machten.

Puritaner sollten zwei Feigenblätter vor den Augen tragen.

Die Abdrücke vom Finger Gottes sind nicht immer identisch.

Frage den Herrgott nicht nach dem Weg in den Himmel.
Er wird dir den schwierigsten zeigen.

Wegweiser stehen auf der Stelle.

Manchmal schaukeln die Glocken den Glöckner.

Vielleicht hat Gott selber mich zum Atheisten erwählt?

Die Aufzucht der Genies sollte man nicht unbedingt mit Kretins beginnen.

Immer schon hatten die Narren am Sockel des Throns gesessen. Deshalb sahen sie auch als erste, wenn er zu wackeln anfing.

»Wir werden ihm nur ein bißchen mit dem Finger drohen«, sagte er und legte diesen an den Abzug.

Vor der Wirklichkeit kann man seine Augen verschließen, aber nicht vor der Erinnerung.

Was wird aus einem Teufel, der aufhört, an Gott zu glauben?

Die weißen Flecke sind von den Landkarten verschwunden. Sie siedelten in die Geschichtsbücher über.

Unlängst bekam ich eine Leserzuschrift: »Um Ihre ›Unfrisierten Gedanken‹ zu verstehen, muß man belesen sein.« Ich telegraphierte sofort zurück: »Und ob, und ob!«

Sogar das Kalbshirn weiß, wie es den Menschen schmeckt.

Das Maß der Ungerechtigkeit befindet sich immer in den richtigen Händen.

Selbst sein Schweigen enthielt Sprachfehler.

Laß dich nicht mit Idioten ein, wenn du kein Psychiater bist. Sie sind zu dumm, um einem Nichtfachmann seine Konsultation zu honorieren.

Wenn ein Volk keine Stimme hat, merkt man es sogar beim Singen der Nationalhymne.

Man sollte den Buchstaben des Gesetzes in das Alphabet aufnehmen.

Ich hatte einen gespenstischen Traum: den Staat, wo unlängst das Analphabetentum beseitigt wurde, überwucherte Bürokratie.

Auch die Stimme des Gewissens macht einen Stimmbruch mit.

Unser Unwissen erobert immer weitere Welten.

Am leichtesten verirrt man sich in einem Wald, wenn er gefällt ist.

Die Verfassung eines Staates sollte so sein, daß sie die Verfassung des Bürgers nicht ruiniert.

Wir haben es verlernt, Grabmäler von Denkmälern zu unterscheiden.

Auch der Bart des Propheten kann abrasiert werden.

Ob ich gläubig bin? Das weiß nur Gott allein.

Alles sollte man dem Menschen opfern. Nur nicht den Menschen.

Daß er starb, ist noch kein Beweis dafür, daß er gelebt hat.

Auch zum Zögern muß man sich entschließen.

Bemühe dich unter Riesen ein Riese zu sein, unter Zwergen ein Zwerg, aber unter Gleichen ein Gleicher.

Ein genialer Gedanke kommt auch ohne Worte aus.

Schont die Sockel, wenn ihr die Denkmäler stürzt. Sie können noch gebraucht werden.

Die Welt zu bevölkern ist leicht. Sie zu entvölkern ist leicht. Also, was ist schwer?

Weckt bitte keine Assoziationen, wenn ihr sie nicht auch einschläfern könnt.

Der Augenblick der Erkenntnis seiner Unbegabung war ein Geistesblitz.

Ein gewisser Weiser verbeugte sich vor dem Herrscher stets so, daß er dessen Dienern gleichzeitig sein Gesäß zeigen konnte.

Die einen möchten das begreifen, woran sie glauben, und die anderen das glauben, was sie begreifen.

Hat ein Kannibale das Recht, im Namen dessen zu sprechen, den er gefressen hat?

Nicht jedem gelingt das Tanzen nach der Zukunftsmusik.

Die Summe der Winkel, nach denen ich mich sehne, ist gewiß größer als 360 Grad.

Immer wird es Eskimos geben, die den Eingeborenen von Belgisch Kongo Verhaltungsmaßregeln für die Zeit der großen Hitze geben werden.

Können zu Plattfüßen Sporen getragen werden? Jawohl. Nur sollte man mit ihnen nicht klirren.

»Ich fühle, mir wachsen Flügel!« – sagte die Maus. Na und, Frau Fledermaus?

Auch im Rahmen des Weltbilds nisten Wanzen.

Fahre nicht aus der Haut, wenn du kein Rückgrat hast.

Der Schatten des Verdachts ist auf ihn gefallen. Und nun verbirgt er sich in diesem Schatten.

Ich weiß, woher die Legende vom Reichtum der Juden kommt: sie bezahlen alles.

Geniale Mondsüchtige brauchen keinen Mond.

Die Zeit schreitet voran. Und du, Mensch?

Zum Denken benötigt man ein Hirn, vom Menschen ganz zu schweigen.

Auch auf einem Thron werden Hosen durchgesessen.

Nicht jede Siegespalme trägt Kokosnüsse.

Wende dich stets an fremde Götter. Sie hören dich außer der Reihe an.

Wir kämpfen um das Recht auf Ausnahmen. Möge die Ausnahme die Regel nur dann bestätigen, wenn sie es will.

Der Leichnam wurde seinem Mörder gegenübergestellt: aber er erkannte ihn nicht.

Der Sargdeckel ist auf der Seite des Verbrauchers schmucklos.

Tempo! Tempo! Man kann das Leben an *einem* Tag durchleben. Aber was tun mit der übrigen Zeit?

Man könnte eine verschärfte Strafe des lebenslänglichen Gefängnisses erfinden – verschärft durch künstliche Verlängerung des Lebens.

Meist ist der Ausgang dort, wo der Eingang war.

Wiederauferstehen können nur Leichen. Die Lebenden haben es schwerer.

Ob aus dem Auge der Vorsehung irgendwann eine menschliche Träne floß?

Was ist Chaos? Es ist jene Ordnung, die man bei der Erschaffung der Welt zerstört hat.

Die erste Vorbedingung für die Unsterblichkeit ist das Sterben.

Auch Einsteins Zeit richtete sich nach der Stadtuhr.

Warum sollen nicht auch Blinde »Blinde Kuh« spielen dürfen?

Caesaren werden meist von ihren Freunden getötet. Denn sie sind ihre Feinde.

Die Masse schreit mit einem einzigen großen Mund – und ißt mit vielen winzigen kleinen.

Guter Rat für Schriftsteller: Im gewissen Augenblick zu schreiben aufhören. Sogar, bevor man angefangen hat.

Lernt aus der Erfahrung der Ornithologen: Wenn Schriftsteller ihre Flügel entfalten sollen, müssen sie die Freiheit besitzen, sich ihrer Federn zu bedienen.

Gibt es denn Worte genug, um alle Mäuler damit zu stopfen?

Ein mutiger Schriftsteller. Setzte den Punkt nach einem nicht geschriebenen Satz.

Ein Judaskuß vermag den Dichtermund für immer zu schließen.

Manchmal muß man verstummen, um erhört zu werden.

Geh nicht ausgetretene Pfade – du wirst ausrutschen.

Es genügt nicht, zur Sache zu reden, man muß zu den Menschen reden.

Ein Gedankenloch läßt sich schlecht mit der Wirklichkeit zustopfen.

Man kann auf St. Helena sterben, ohne Napoleon gewesen zu sein.

Wer barfuß geht, geht nicht auf Rosen.

Vielleicht sind wir nur irgendwessen Erinnerung?

Sei kein Snob. Lüge nie, wo die Wahrheit besser bezahlt wird.

Gebt Gott, was des Gottes, dem Kaiser, was des Kaisers. Und den Menschen?

Der Troglodyt war kein Troglodyt. Er stand auf der Höhe seiner Zivilisation.

Wo ein grausames Recht regiert, sehnt sich das Volk nach der Rechtlosigkeit.

»Aus einem Kreuz könnte man zwei Galgen machen« – sagte geringschätzig der Fachmann.

Blasen wir selbst in unsere Segel!

Gibt es unter Kannibalen Vegetarier?

Es ist keine Kunst zu sagen: »Ich bin!« Man muß sein.

Das Gewicht eines Problems wird brutto notiert. Wir sind darin inbegriffen.

Scheiterhaufen erleuchten nicht die Finsternis.

Marionetten lassen sich sehr leicht in Gehenkte verwandeln. Die Stricke sind schon da.

Manche Menschen entbehren der Gabe, die Wahrheit zu sehen. Aber welche Ehrlichkeit atmet dafür ihre Lüge!

Achtung, Satiriker! Auch im Hohlspiegel wetzen die Hyänen ihre Zähne.

Ideale sind nichts für Idealisten.

Auch Engel haben ihre Teufel, und Teufel ihre Engel.

Nicht alle Abels können sich einen eigenen Kain leisten. Manche müssen mit einem kollektiven vorliebnehmen.

Wahrscheinlich ist die Welt aus Angst vor der Leere entstanden.

Man bedenke, daß in demselben Feuer, das Prometheus den Göttern gestohlen hatte, Giordano Bruno verbrannt wurde.

Wenn alles stimmen soll, muß etwas nicht stimmen.

Wie werden Seufzer in fremde Sprachen übersetzt?

Auch uns nennt man im Westen den Osten, und im Osten den Westen.

Der Leierkasten zermahlt jede Melodie.

Wir schreiben das Jahr 1957. Der erste Gorilla in der Unfreiheit wurde geboren. Eine gewaltige Errungenschaft der Wissenschaft. Jetzt werden wir nachrechnen können, seit wieviel Jahren der Mensch existiert.

Einst war die schmutzige Pfütze weißer Schnee: ich machte hochachtungsvoll einen Bogen um sie.

Gedankenlosigkeit tötet. Andere.

Einsamkeit, wie bist du übervölkert!

Bedenke, bevor du denkst.

Ich traf einen so unbelesenen Mann, daß er die Zitate aus Klassikern selbst erfinden mußte.

Ohnmächtige Wut wirkt Wunder.

Figuren sind meist aus Stein.

Winde wehen sehr durchsichtig.

Warum ich diese kurzen Scherze schreibe?
Weil mir Worte fehlen.

Ich wollte der Welt nur ein einziges Wort sagen. Da ich es nicht konnte, wurde ich Schriftsteller.

Hinter jeder Ecke lauern ein paar Richtungen.

Dummheit befreit nicht vom Denken.

Wir standen uns so nah, daß es zwischen uns keinen Platz mehr gab für Gefühle.

»Der Stil – das ist der Mensch!«
Wie unbewohnt wäre dann unsere Erde!

Zuweilen werde ich von Augenblicken philosophischer Nachdenklichkeit heimgesucht. Ich bleibe auf der Weichselbrücke stehn, spucke von Zeit zu Zeit ins Wasser und denke dabei: »Panta rhei.«

Verschiedene Gedanken schwirren mir im Kopf herum. Manche verlassen ihn sogar.

Ich wär gespannt, ob irgendein Tier, das uns sieht, dächte: »Ecce homo!«

Der Mensch wächst mit dem Preis, den er zahlt.

Die Knüppel waren ein Spielzeug. Heute würden es sogar die mit ihnen Erschlagenen begreifen.

Oft befruchtet der Gedanke eines Autors seinen Kritiker zu Fehlgeburten.

Salto *morale* ist viel gefährlicher als der Salto mortale.

Es gibt Parodien von Dingen, die es nicht gibt.

Sprich weise, der Feind hört mit.

Wie schwer es doch ist, sein Nichtvorhandensein zu verbergen.

Ich reiche Ihnen bittere Pillen in süßem Zuckerguß. Die Pillen sind unschädlich, das Gift steckt in der Süße.

Man hatte mir aus der Provinz den Vorschlag gemacht, für kleineres Honorar billigere Gedanken zu schreiben.

Du fragst mich, schöne Frau, wie lange ich über meinen Gedanken gebrütet habe? Sechstausend Jahre, Göttliche, sechstausend Jahre.

Auch das Happy-End ist nur ein Ende.

Zuweilen hinterläßt ein dummer Schuh unauslöschliche Spuren.

Sprichworte widersprechen sich. Und das ist eben Volksweisheit.

Wahre Weisheit verläßt den Kopf nie.

Man sollte immer von hinten anfangen.

Neue unfrisierte Gedanken

Es bedarf vieler Gedanken,
um einen festzuhalten.

Das Tragische der Epoche gibt ihr Lachen wieder.

Ich hege Gedanken, die ich sogar mir selbst nicht offenbare. Ihr kennt sie alle.

Streichle die Bestie nicht gegen den Strich. Wer weiß, ob sie es nicht gern hat.

Eine Eigenschaft geistig Träger, die am meisten ins Auge fällt, ist ihre unverwüstliche Aktivität.

Nun bist du mit dem Kopf durch die Wand. Und was wirst du in der Nachbarzelle tun?

Geh mit der Zeit, aber komme von Zeit zu Zeit zurück.

Liebet eure Feinde, vielleicht schadet das ihrem Ruf.

Kürzen wir das Metermaß. Seien wir größer!

Nicht jeder, der zuviel weiß, weiß dies.

Feinde werden einander ähnlich. Wehe den Originalen!

Wie verhält man sich, wenn der Polizeihund mit dem Schwanze wedelt?

Man hat mir meine Saite gekürzt. Nun tönt sie höher.

Ich werde ständig gefragt: »Schreiben Sie auch größere Sachen?« – »Nein«, antworte ich, »nur große«.

Die metaphysische Tragik des Seins verpflichtet nicht in der täglichen Praxis.

Um einem Menschen Auge in Auge zu begegnen, muß man ein Mensch sein.

Worte seien überflüssig? Und wo brächte man unter, was zwischen den Worten steht?

Vergiß nie, daß die Hinterteile meinen, sie seien Frontansichten.

Nenn das Ding beim Namen, aber auch beim Pseudonym.

Auf das menschliche Gedächtnis ist kein Verlaß. Leider auch nicht auf die Vergeßlichkeit.

Ich suche für den Menschen lediglich einen Stützpunkt. Für mehr reicht der Platz nicht aus.

Wehe den Diktatoren, die glauben, sie seien keine.

In manchen Ländern ist die Verbannung die allerempfindlichste Strafe, in anderen sollten die menschenfreundlichsten Bürger darum kämpfen.

Er erinnert an eine Laus auf der Glatze. Ringsherum eitel Glanz – und in der Mitte: nichts als eine Laus.

Ich sah einmal einen Titanen seine Socken stopfen. Das war seine erste titanische Anstrengung.

Nächte sind meist zu dunkel, um gesehen zu werden.

Fiktionen enden fiktiv.

Die Geschichte eines Gedankens ist in ihm selbst enthalten.

Ein Heldendenkmal ist eine vortreffliche Sonnenuhr. Man sieht es ihm an, welche Stunde geschlagen hat.

»Warum«, fragte ich einen Kritiker, »haben Sie das Stück das epochemachende Ereignis von umwälzender Bedeutung genannt?« – »Was für ein Stück?« fragte er zurück.

Wenn zwei Feinde einen gemeinsamen Gegner haben, so steigert das nur noch ihren gegenseitigen Haß. Ein jeder von ihnen möchte alleiniger Sieger über seinen Feind sein.

Anders duftet das Heu den Pferden als den Verliebten.

Man darf sich nicht wiederholen? Psst! Hoffentlich hat es das Glück nicht gehört.

Auch das Böse will nur unser Bestes!

Sei Realist: sprich nicht die Wahrheit.

Manche mögen das Pathos so sehr, daß ihnen der Text gleichgültig ist.

Für die Schuld der Väter werden oft erst die Söhne ausgezeichnet.

Jede Klasse hat ihr Spießbürgertum.

Menschen summiert man am leichtesten, indem man ihnen die Menschlichkeit nimmt.

Welch ein Wohlstand muß in einem Staat herrschen, in dem es möglich ist, die Hälfte der Bevölkerung im Polizeidienst und die andere Hälfte auf Staatskosten im Gefängnis zu halten.

Es ist schwer erkennbar, wer freiwillig mit dem Strom schwimmt.

Philosophen! Hütet euch, den Stein der Weisen zu finden. Man wird ihn euch an den Hals hängen.

Gewöhnlich ist die Arrièregarde der alten Avantgarde die Avantgarde der neuen Arrièregarde.

Gedanken wechseln die Köpfe und nehmen deren Form an.

Der Teufel schläft nicht. Mit irgendwem.

Die Welt ist schön! Und das ist eigentlich traurig.

Kennst du das Kennwort zum eigenen Innern?

Die künftigen Darwins werden vielleicht eine These aufstellen, daß die hochentwickelten Wesen (zu denen sie zählen werden) von den Menschen abstammen. Das wird ein Schock sein!

Im Grunde geht es darum, ob das Weltall an einer Hecke oder an einem Stacheldrahtverhau endet.

Verzweiflung des Humoristen: wenn er nicht lächerlicher sein kann als das Pathos der anderen.

Imitieren wir den Schein durch die Wirklichkeit.

Ich prophezeie den Untergang des Kannibalismus. Der Mensch ekelt den Menschen.

Tote wechseln mühelos die politische Ansicht.

Natürlich glaube ich nicht an das Wunder der heiligen Johannisnacht, aber wenn ihr mich nach der Nacht des heiligen Bartholomäus fragt...

Vergessen wir nicht, daß auch uns die Bakterien – von der anderen Seite des Mikroskops – betrachten.

»Es ist nie zu spät«, sagte der Dieb und stahl ihm die Uhr.

Die Welt ist gar nicht verrückt: nur ungeeignet für normale und sehr wohl geeignet für normalisierte Menschen.

Was nutzt es dem Hasen, daß er stets offene Augen hat?

Geistige Provinz – der Versuch, jenseits des Hirns zu denken.

Tabus muß man vernichten, ohne sie zu berühren.

Wenn Zwerge wachsen wollen, brauchen sie fremde Knochen.

In jedem Lande klingt die Frage Hamlets anders.

Satiriker, pfeift auf Worte. Laßt Zahlen sprechen!

Man erkennt am Rückgrat, welcher Epoche ein Mensch angehört.

Auch wenn Bürger zittern, gibt es Risse in den Grundmauern des Staates.

Unsere kühnsten Träume erfüllen sich bereits, nun ist es Zeit für die weniger kühnen.

Zwei Kräfte gewinnen in der Welt des Intellekts an Macht: Präzision und Gestammel. Aufgabe: die Geburt einer Hybride – des präzisen Gestammels – unterbinden.

Trotzdem macht die Menschheit Fortschritte. Menschenfresser werden immer humaner bestraft.

Ich bin schön, ich bin stark, ich bin weise, ich bin gut. Und ich habe das alles selbst entdeckt!

Ein Pferd ohne Reiter ist immer ein Pferd. Ein Reiter ohne Pferd nur ein Mensch.

Und vielleicht erfinden wir rasch eine andere Zeitrechnung, um nicht im XX. Jahrhundert zu sein?

Das »bessere Morgen« enthält noch keine Versicherung gegen das »noch bessere Übermorgen«.

Ich glaube an das Ende des organischen Lebens auf Erden – aber nicht an das des organisierten.

Ein getöteter Krebs errötet. Was für ein nachahmungswürdiges Feingefühl des Opfers.

In manchen Staaten herrscht eine solche Öffentlichkeit des öffentlichen Lebens, daß sogar die Geheimpolizei öffentlich und überall bekannt ist.

Gewisse Witze mit Bart sind ewig jung; sie tragen ihn nur zur Tarnung.

Die einen glauben, daß sie glauben, die anderen glauben, daß sie nicht glauben.

Unterbewußtsein? Jawohl, meine Herren, immerhin unter einem Bewußtsein!

Um die Moral zu heben, muß man die Ansprüche senken.

Wozu Illusionen, wenn sie sich erfüllen lassen?

Die Langeweile sollte man nicht mit Polizeieinheiten zerstreuen.

Schatten sind begabter: sie tun das gleiche mühelos.

Die Zeit bescherte uns viele Genies. Hoffen wir, es sind ein paar Begabte darunter.

Wo alle einstimmig singen, ist der Text ohne Bedeutung.

Auch die Ausmaße des Alls werden ein militärisches Geheimnis sein.

Gebt euch niemals der Verzweiflung hin – sie hält ihr Versprechen kaum.

Die meisten Denkmäler sind hohl.

Man muß oft »nein« sagen, um sich selbst zu bestätigen.

Wer an das Gewissen appelliert, erkennt es nicht als die erste Instanz an.

Auch das Vieh denkt. Im Menschen.

Manchmal führt ein Rechenfehler zur richtigen Lösung.

Über die Echtheit des Zeitdokuments entscheidet – meist – das Amtssiegel der nachfolgenden Regierung.

Je reicher die Phantasie, die ein Mensch hat, um so geringer sein Selbstgefühl.

Ich kann mich auf die bloße Nennung des Namens Herostrates nicht empören, solange ich die Architektur des Tempels der Artemis in Ephesus nicht kenne.

Die meisten Menschen sind Mörder: sie töten einen Menschen. In sich selbst.

Alle unsere unterschiedlichen Fiktionen ergeben zusammen die gemeinsame Wirklichkeit.

Die Tat holt den Gedanken ein. Wehe, wenn sie ihn überholt.

Stelle beizeiten fest, bei wessen Anblick der Hund mit dem Schwanze wedelt.

Woher Mut nehmen? Die Mutigen geben ihn nicht her.

Kopf hoch, wenn das Wasser bis an den Mund reicht.

Die Unkenntnis des Gesetzes befreit nicht von der Verantwortung. Aber die Kenntnis oft.

Ein wahrer Feind verläßt dich nie.

Ist das Denken eine gesellschaftliche Funktion oder eine des Hirns?

Je mehr wir uns der Wahrheit nähern, desto mehr entfernen wir uns von der Wirklichkeit.

Die Art der Beleuchtung einer Sache ändert nichts an ihrem Wesen.

Er fällt vor jeder Macht – wie die Katze auf alle vier Beine.

Die Geschichte lehrt, wie man sie fälscht.

Ich weiß nicht, ob ein Fisch noch stumm wäre, wenn er so viele Geheimnisse hätte wie wir.

Pechvogel; schläft bereits und träumt, er gähnte erst.

Einen Doppelgänger haben, an ihm Selbstmord verüben und unter seinem Namen weiterleben – welche Möglichkeiten der Schizophrenie!

Der Kapitän verläßt das Schiff zuletzt. Deshalb schlafen die Admiräle während des Sturms so seelenruhig.

Nach dem Krieg findet jeder Soldat den Marschallstab im Tornister.

Ob das Beharren auf eigenen Fehlern die Treue zu sich selber ist?

Wer sein Gesicht verbergen will – gehe nackt auf die Straße.

Man warnte mich vor X: »Ein gesellschaftsordnungswidriger Mensch!« Ich lernte ihn kennen: ein sehr menschlicher Mensch.

Viele meiner Freunde sind meine Feinde geworden, viele Feinde fanden meine Freundschaft, aber die Gleichgültigen sind mir treu geblieben.

Er hatte das Selbstgefühl eines Gespenstes, das noch nie jemandem erschienen war.

Warum fallen wir vom Mond – immer auf dieselbe Erde?

Aus der Erfahrung eines Jägers: die Großen trifft man schwerer als die Kleinen.

Auch Menschenfresser sind bereit, einen Menschen aus dem Rachen des Hais zu retten.

Glaubt den Märchen nicht. Sie waren wahr.

Wundert euch nicht, daß jemand, der übel riecht, es gern hat, wenn man ihn beweihräuchert.

Glaubt der Intelligenz der Menschen; sie können vieles nicht begreifen.

In gefährlichen Zeiten verbirg dich nicht in dir; dort findet man dich am leichtesten.

Wir nähern uns immer mehr der Entdeckung Gottes durch die Wissenschaft. Ich bange um sein Schicksal.

Ich würde lachen, wenn sie mit der Vernichtung der Welt vor dem Weltende nicht fertig würden.

Ich stimme mit der Mathematik nicht überein. Ich meine, daß die Summe von Nullen eine gefährliche Zahl ist.

Viele feiern ihre Niederlagen – als Gäste der Sieger.

Wenn die Priester magenkrank sind, bringe den Göttern keine schwerverdaulichen Opfer.

Menschliche Ignoranz bleibt nicht hinter der Wissenschaft zurück. Sie wächst genauso atemberaubend wie diese.

Manchmal verbirgt sich etwas hinter etwas, vor dem wir uns verbergen.

Blinder Glaube hat einen bösen Blick.

Politische Hypnotiseure sind selten in der Lage, ihrem Medium ins Auge zu schauen.

Es gibt eine ideale Welt der Lüge, wo alles wahr ist.

Bekränzen wir nur denen die Stirn, die eine haben.

Je kleiner die Bürger, desto größer das Imperium.

Die Dummheit überschreitet keine Grenzen. Überall, wo sie hintritt, ist ihr Territorium.

Ein interessanter Fall von Selbstzeugung: ein Schriftsteller gebiert Eigenschaftswörter vor der Geburt der Eigenschaften.

Seit der Erfindung des Menschen vervollkommnet man ihn lediglich mit Prothesen.

Um an die Quelle zu kommen, muß man gegen den Strom schwimmen.

Es könnte schlimmer sein. Dein Feind könnte sich als Freund entpuppen.

Groß ist die Gewalt der Nichtigkeit, nichts kann ihr etwas anhaben.

Auch die Antisemiten erkennt man an ihren Nasen. Den witternden.

Wölfe sind wohl edler als Schafe, sie können sich kaum ein Leben ohne diese vorstellen, während die Schafe … Schade um jedes Wort.

Der naive Franz Kafka meinte, Fesseln seien aus Papier. Nein. Aus Blut und Knochen.

Niemals kann die Welt jenen vergeben, die nichts verschuldet haben.

Wann werden Steine, die man gegen Menschen schleudert, schreien?

Die Welt kann nicht mit lauter Sokratessen bevölkert sein. Der Schierling würde für alle nicht ausreichen.

Arm, wer keine Sterne sieht ohne den Schlag ins Gesicht.

Ein unsterblicher Schriftsteller stirbt in seinen Epigonen.

Es ist nicht einfach, das Böse von der moralischen Seite anzugehen.

Wer hat den Menschen von seiner Existenz zu verständigen?

Es gibt so große Worte, die so leer sind, daß man darin ganze Völker gefangenhalten kann.

Brot öffnet jeden Mund.

Ein falscher Schritt, und du bist am Ziel anderer.

Nicht der Abgrund trennt, sondern der Niveau-Unterschied.

Mir träumte eine Herde von Leithammeln. Sie trieben, jeder mit einem andersgestimmten Glöckchen. Und hinter ihnen kein einziges Schaf.

Oh, wenn doch ein Gott sagte: »Glaubt mir!« und nicht: »Glaubt an mich!«

Sind Verbrechen, die die Rechtsprechung nicht vorgesehen hat, illegal?

Obwohl ihre Wege auseinandergingen, gingen sie weiter zusammen: als Gefangener und Wächter.

Der Mensch sucht die Wahrheit, um sie noch tiefer zu verbergen.

Wie sollte ich kein Optimist sein. Meine Gegner erwiesen sich – bis jetzt – als genau die Schweine, die ich in ihnen vermutet habe.

Wie beurteilt man einen Staat am gerechtesten? Einfach – auf Grund seiner Gerichtsbarkeit.

Ich hätte den Menschen niemals erschaffen. Weil ich ihn liebe.

Manche warten auf »rotes Licht«, um nicht auf die andere Seite zu müssen.

Das Drama unserer Zeit bringt (wie sich das gehört) seinen Schöpfern Tantiemen.

Ich lese die Lebensläufe der Heiligen gern von hinten, im Glauben, es könnte vielleicht einer mit der Zeit wieder ein Mensch werden.

Der Selbsterhaltungstrieb ist manchmal Antrieb für den Selbstmord.

Dressierte Papageien wiederholen gar nichts.

Politik: Derby trojanischer Pferde.

Auch zur Bewachung von Gedanken verwendet man Eunuchen.

In Wirklichkeit sieht alles anders aus, als es wirklich ist.

Die das Antlitz der Zukunft fürchten, vermuten nicht einmal, daß sie ihnen den Hintern zeigen könnte!

Gleichberechtigung in Zeiten der Rechtlosigkeit, das ist was!

Wahres Pathos spricht, ohne zu reden.

Falsche Propheten erfüllen ihre Prophezeiungen selbst.

Die Freiheit der Sklaven mißt man an der Länge ihrer Kette.

Laßt nicht verhungern, wen ihr fressen wollt!

Am Anfang bestimmter Lieder stand statt des Violinschlüssels – ein Paragraph.

Wir haben es gern, wenn unsere innere Stimme uns von außen erreicht.

Ach, sähen wir doch das Leben und nicht die Situationen!

Gestalten deiner Träume fressen von deinem Teller.

Modernes Wahrsagen: Aus Tatsachen.

Manchmal ist die Schuld eine Folge der Sühne.

Wer eine Tragödie überlebt hat, ist nicht ihr Held gewesen.

Die Technik ist auf dem Wege, eine solche Perfektion zu erreichen, daß der Mensch ohne sich selber auskommt.

Nur wer gesunden Menschenverstand hat, wird verrückt.

Unsinn und Sinnlosigkeit sind dem Sinn nach verschieden.

Alles ist bereits entdeckt, nur in der Gegend der Banalität gibt es noch Neuland.

Es gibt Zebras, die freiwillig hinter Gittern sitzen, um wie weiße Pferde auszusehen.

Man kann seinen Mund vor Begeisterung öffnen, um ihn dann vor Langeweile zu schließen.

Gefesselte Hände können keinen Beifall klatschen.

Vielleicht kommt eine Kunst, die ohne Worte, sogar ohne Gesten, allein mit Blicken die Erlebnisse eines Volkes begreiflich macht?

Ich bin für die Reprivatisierung des Innenlebens.

Gegen wen ich denke? Gegen diejenigen, die es mir verbieten.

Schlaflosigkeit – Krankheit einer Epoche, in der man den Menschen befiehlt, vor vielen Tatsachen die Augen zu schließen.

Ich habe mich manchmal dabei ertappt, daß ich durch ein Vergrößerungsglas auf dem Globus – mich suchte.

Der Mensch hat noch einen Vorzug vor der Maschine – er ist imstande, sich selbst zu verkaufen.

Wer das Recht mit Füßen tritt, steht selten fest auf den Beinen.

Der optimistische und stolze Satz »Alles ist möglich« entsetzt mich.

Den Lorbeerkranz annehmen bedeutet das Format seines Kopfes verraten.

Fordern wir einen achtstündigen Gedankentag!
Geistig selbstgenügsam sind nur die Genies und die Idioten.

Menschen mögen, stellte ich fest, Gedanken, die nicht zum Denken zwingen.

Unter Blinden wird auch der Einäugige blind.

Die Engstirnigkeit wird immer breiter.

Wenn Despoten sich zum Terror flüchten, kann man ruhig schlafen. Das ist keine List.

Die Wahrheit siegt zuweilen, wenn sie aufhört zu sein.

Ach, so manches Atlantis gibt's in den politischen Atlanten!

Henker treten meist in Masken der Gerechtigkeit auf.

Er streute auf sein Haupt Asche – seiner Opfer.

Sie steinigten ihn mit einem Denkmal.

Ja = nein. Der Unterschied liegt in der Frage.

Es gibt Don Quichotte, die Wind säen, um mit Mühlen kämpfen zu können.

Die Gläubigen glauben an die Auferstehung, die Atheisten an ein Comeback.

Er war ein fortschrittlich-religiöser Mann. Er gab zu, daß der Mensch vom Affen abstamme, aber von dem aus der Arche Noah.

Ach, wäre die höchste Staatswürde doch die menschliche!

Ich kann mir das Weltende vor dem Sieg der Wahrheit nicht vorstellen.

Gedanken hüpfen wie Flöhe von einem Menschen auf den andern. Aber sie beißen nicht alle.

Der Mensch das Maß aller Dinge? Wie bequem! Einmal wird mit dem Riesen, ein anderes Mal mit dem Zwerg gemessen.

In Ländern, deren Bürger sich in Gefängnissen nicht sicher fühlen, fühlt man sich in der Freiheit ebenso unsicher.

Ein Volltreffer: keinen Menschen treffen.

Ich glaube daran, daß die Menschen vom Affen abstammen. Aber nicht von einer Gattung.

Von einer Dame: Bestseller!

Können Sie sich eine Frau vorstellen, die ihren Liebhaber 1001 Nächte lang Märchen erzählen ließe?

Auch wer Elefanten jagt, schießt zuweilen eine Mücke.

»Er hat ein Vogelhirn« – hieß es von einem Adler.

Wenn wir die Wüsten bevölkern, verschwinden die Oasen.

Das fruchtbare Leben eines Eunuchen beginnt nach der Kastration.

Die Kunst fordert vom Künstler kein Talent, sondern Werke.

Man provoziere den Intellekt, nicht die Intellektuellen.

Menschen, die mit der Kunst nichts gemeinsam haben – sollten mit ihr nichts gemeinsam haben. Klar?

Das Heu in den Köpfen mancher Poeten bekommt Pegasus offensichtlich gar nicht schlecht.

Es gibt Künste, die befruchtet werden ausschließlich im Prokrustesbett.

Die besten Einfälle werden uns von der Wirklichkeit gestohlen.

Der Mensch atmet leichter, wenn er das Maul hält.

Die Akteure treten von der Bühne ab, nachdem sie ihre Rolle gespielt haben. Im Theater.

Am schwersten erklettert man Gipfel, die zehn Zentimeter hoch sind.

Ich hätte viele Dinge begriffen, hätte man sie mir nicht erklärt.

Manche leben mit einer so erstaunlichen Routine, daß es schwerfällt zu glauben, sie lebten zum ersten Male.

Das Leben wird immer länger. Auch das derer, die es verkürzen.

Alle Menschen sind gleich. Nach entsprechender Präparation.

Jeder Satiriker träumt mit Leidenschaft von der Vergänglichkeit seiner Werke.

Die anthropomorphische Phantasie des Menschen läßt ihn an seine Unterdrücker als Unmenschen denken.

Uns deformieren die Formeln.

Manche sehen mit dem rechten und mit dem linken Auge genau dasselbe. Und glauben, dies sei Objektivität.

Auch Anspielungen kann man verstaatlichen.

Ob die Produktion von Gedanken dem natürlichen Zuwachs folgt?

Wer führt Statistik darüber, wieviel Unfälle durch Warnschilder und Wegweiser passieren?

Traum der Sklaven: ein Markt, auf dem man sich seinen Herrn selbst kaufen dürfte.

Die im Lande gesparten Worte erlauben uns deren Massenausfuhr ins Ausland.

Wehe, wenn ein Ding, an die falsche Adresse gerichtet, die richtige erreicht.

Die meisten Menschen stolpern über die Schwelle des eigenen Bewußtseins.

Bakterien? Kleinigkeit!

Zuträger: ecce homo!

Künstler, die den jeweiligen Herrscher nicht als Heroen portraitieren, sind keine Realisten.

Vor allem ihr Gradlinigen, gebt acht in den Kurven.

Esperantisten. Daß sich die Menschheit noch nicht restlos aufgefressen hat, haben wir nur der segensreichen Pause im Bau des Babelturmes zu verdanken – zum Glück verstehen die einen nicht, was die anderen reden. Und Ihr wollt diese Idylle zerstören?

Wie viele Hamlets sagen »Sein oder nicht sein« im Namen anderer!

Wie stürmisch ist das Meer der Gleichgültigkeit!

Achillesfersen verstecken sich gern in Tyrannenstiefeln.

Denk daran, daß es immer noch viele Buchstaben außerhalb des Alphabetes gibt.

Meiner Meinung nach gibt es keinen Atheisten, der nicht zu Hilfe eilen würde, wenn er das SOS des lieben Gottes hörte.

Ein Dialog mit einem Halbintelligenten gleicht einem Monolog eines Viertelintelligenten.

Gib acht, daß die Politiker die Konferenztische nicht hungrig verlassen.

Wenn Kannibalen den Geschmack des Wissens kosten wollen, schneiden sie den Gelehrten die Zungen ab.

Ein Menschenfresser verachtet den Menschen kaum.

Fluche nicht in einer Sprache, die der Verfluchte nicht versteht. Das ist Sadismus.

Der Gedanke ist unsterblich, vorausgesetzt, daß er stets neu geboren wird.

Jedes Regime wird schließlich zum ancien régime.

Wahre Auserwählte haben keine Wahl.

Ich bin Optimist. Ich glaube an den erlösenden Einfluß des Pessimismus.

Er war treu wie ein Hund: wie einen Hund haben sie ihn erschlagen.

Sein Gewissen war rein. Er benutzte es nie.

»Freiheit, Gleichheit, Brüderlichkeit!« Aber wie gelangen wir zu den Tätigkeitswörtern?

Ihr werdet sie an ihren Worten erkennen, die sie verschweigen wollten.

Der Dichter fischt im Strom, der ihn durchfließt.

Manchmal muß man die Zeit zwischen der Vergangenheit und der Zukunft in einer grammatikalischen Ersatzzeit verleben.

Neuheit: Tarnmaulkorb.

Den Mangel an Talent gleicht er mit dem Mangel an Charakter aus.

Es gibt keine neuen Richtungen, es gibt nur eine: von Mensch zu Mensch.

Geht der Gerechtigkeit aus dem Weg. Sie ist blind!

Zwei schwarze Charaktere: aber wie unterschiedliche Farben!

Es hängt von der geographischen Lage ab, wo es wann dämmert.

Alle Fesseln der Welt bilden eine Kette.

Warum lügt, wer die Wahrheit nicht kennt?

Wenn doch das Ohr reden könnte!

Jeder Held des Tages fürchtet die Dämmerstunde.

»Kaffeehausintellektueller« ist kein eindeutiges Epitheton. Man muß hinzufügen, aus welchem Kaffeehaus.

Ob sich der Mensch jemals moralisch derart aufschwingt, daß die Ausbeutung der Maschinen durch den Menschen aufhört und wir für uns selbst zu arbeiten beginnen werden?

Fortschritt in der Geometrie: Die Generallinie setzt sich nicht aus einer Unzahl von Gesichtspunkten zusammen.

Wieviel Zeremonien hat der Unglaube?

Reihenfolge, Reihenfolge! Lange bevor man daran dachte, den Menschen künstlich zu erzeugen, konnte man ihn künstlich beseitigen.

Verteidigung des Mörders: »Wie kann ein Mensch für unmenschliche Taten bestraft werden?«

Poeten sind Papageien, die Ungesagtes wiederholen.

Ihr Kapital festigt sich. Sie werden von Nullen umwuchert.

Hätte man so viele Zuhörer wie Lauscher!

Nur wer im goldenen Käfig sitzt, hat Hoffnung auf Befreiung.

Ein paar Gedanken wird man mit ins Grab nehmen müssen. Auf alle Fälle.

Die Kunst schreitet voran – und ihr hinterher die Wächter.

Wenn ein Wort Fleisch wird, hört es auf, Literatur zu sein.

Auch Leichtigkeit hat ihr Eigengewicht.

Ich soll so schreiben, daß jeder Wachtmeister es versteht? Nein! Ich beanspruche zumindest einen Hauptwachtmeister!

Zuweilen darf ein Philosoph auf seinem Sterbelager sagen: »Zum Glück hat man mich nicht verstanden!«

Wenn die Menschheit Glück hat, reinigt sich das Verbrechen zur Kunst.

Keiner ist so dumm, daß er sich nicht hin und wieder dumm stellte.

Wo das Lachen verboten ist, ist gewöhnlich auch das Weinen nicht gestattet.

Ein feiger Satiriker erzeugt nur einen Witz – sich.

Ein Wort genügt – der Rest ist Geschwätz.

Wie viele Sintfluten gab es ohne einen Noah!

Oft nennen wir Mythos eine Wirklichkeit, die wir für einen Augenblick vergessen haben.

Wer die Leiter des sozialen Aufstiegs erklettert hat, vergißt oft, wozu er geklettert war und in wessen Auftrag.

Es gab zwei Möglichkeiten: entweder sich auf den Boden ihrer Grundsätze zu stellen oder über ihnen zu hängen.

Der Mensch lebt nicht von Brot und Wasser allein.

Welt ohne Psychopathen? Sie wäre anomal.

»Gedanken sind zollfrei?« Sofern sie die Grenzen nicht überschreiten.

Vieles lernte ich in Träumen, die Menschen reden dort zwanglos.

Die Wirklichkeit kann man ändern, eine Fiktion muß man aufs neue ersinnen.

Sieg des Wissens vom Menschen – Akten der Geheimpolizei.

Ob der Mensch jemals ein solches Niveau der Moral erreichen wird, daß er für Nomaden mobile Gefängnisse schafft?

»Es gibt keine Wahrheit« – sagt diese manchmal selbst. Aus Vorsicht.

Nicht sein, sondern denken, denken, denken!

Niemals wird die Satire ihr Examen bestehen. In der Jury sitzen ihre Objekte.

Letzte unfrisierte Gedanken

Nicht sein, sondern denken, denken, denken.

Selbst wenn der Mund sich schließt, bleibt die Frage offen.

Wer in der Schublade keinen Platz hat, der sorge für einen Sarg.

Wenn wenigstens von unten alles erhaben aussähe!

Dieser stille Menschenstolz: der Tod mag sich noch so sehr sträuben, am Ende muß er uns doch bezwingen.

Der Mensch spielt in seinem Leben nur eine kleine Episode.

Kluge Gedanken kommen aus dem Kopf wie Pallas Athene, schöne Gedanken aus dem Schaum wie Aphrodite.

Auch die Ansprüche der Satire wachsen: sie möchte immer raffiniertere Verbrechen verspotten.

Wer Bomben mit Zeitzündern legt, sollte dabei die Zeitunterschiede bedenken.

Die Abwesenden haben zwar niemals recht, doch dafür bleiben sie oft am Leben.

Grabinschrift: »Das Leben endet, leider nicht seine Folgen.«

Janus hatte zwei Gesichter. Światowid, der Gott der Slawen, vier. Und es gab Götzen, die noch vielgesichtiger waren. Was besagt, wie kompliziert die Lage der jeweiligen göttlichen Gesellschaftsordnung war.

Man unterscheidet zwei Arten von Teufeln: degradierte Engel und beförderte Menschen.

Tradition: Erbadel des Plagiats.

Der Mensch ist aus Eisen; deshalb kann er seine Handschellen nicht als Fremdkörper empfinden.

Sein Gedanke war pure Lust. Er befruchtete niemanden.

Wieviel weniger Menschenblut wäre vergossen worden, wenn wir uns nicht so früh vom Affen zum Menschen fortentwickelt hätten.

Gib acht: stellt der Ruhm dich ins Rampenlicht, sind deine Feinde im Vorteil – sie bleiben im Dunkel.

Gefängnisse sind als Kinderstube problematisch.

Legenden werden oft von denen zerstört, die ihren Rohstoff brauchen.

Bei Hofe genießt der Narr Sonderrechte. Außerhalb des Hofes ist er der Dumme.

Ich schlage vor, eine Auszeichnung für Passiven Dienst einzuführen.

Am Wachstum hindert den Menschen oft das eigene Dach überm Kopf.

Seht euch vor literarischen Blindgängern vor. Sie sind noch nach Jahren gefährlich.

Ist ein Mensch, der in seinem Innern etwas Wertvolles findet, verpflichtet, es auf dem nächsten Polizeirevier abzugeben?

»Kopf hoch«, sagte der Henker und warf ihm die Schlinge um den Hals.

Ich mag Philosophen nicht, die das Haar auf fremden Köpfen spalten. Noch dazu mit einem Beil.

Traurig, wenn sich die Wirbelsäule erst am Kreuz aufrichtet.

Perfide Henker lockern ihren Opfern die Schlinge.

Rassisten! Sie lassen keine schwarzen Gedanken zu!

Der Humanismus wird die Menschheit überdauern.

Weisheit sollte im Überfluß zu haben sein; wer fragt schon danach?

Während der Tortur hatte er sich mehrmals gezwickt. »Was soll das?« fragte der irritierte Henker. »Möchte wissen, ob es ein Alptraum ist.«

Auf dem Grabe des Feindes duften die Blumen berauschend.

Geringfügigkeiten leiden niemals an Mikromanie.

Hütet euch vor jenen, die für sich das ius primae noctis Bartholomensis beanspruchen.

Es ist gar nicht so einfach, im eigenen Analphabet zu lesen.

Auch an den Kreuzwegen der Geschichte versucht die Polizei, den Verkehr zu regeln.

Er machte sich flach und breit – damit man ihn oben besser sah.

Die Farce der Wirklichkeit reicht auf der Bühne meist nur zu einer Tragödie.

Jeder Zuschauer bringt seine eigene Akustik ins Theater mit.

Phantasie und Lüge sind zweierlei.

Selbst die Ewigkeit war früher von längerer Dauer.

Als sie ihn ernst zu nehmen begannen – war er verloren.

Wirf den Stein als erster! Sonst bist du für sie ein Epigone.

Traurig, daß sich die Menschen stets in demselben Lied, an derselben Stelle, mit demselben falschen Ton – verpfeifen.

Wer als erster den Witz begriffen hat, hat Zeit genug, so zu tun, als hätte er ihn nicht verstanden.

Nur der, der mit der Kunst wirklich intim ist, weiß, welchen Abstand man ihr schuldet.

Der Naturalismus auf manchen Bühnen ist enorm. Sogar die Fußlappen sind im Zuschauerraum zu riechen. Nur die dargestellten Menschen sind unnatürlich.

Es gibt unübersetzbare Autoren. Diese dürfen im Ausland getrost propagiert werden.

Tiefe kann man durch Färbung vortäuschen.

Berühmt müßte man sein, um sich ein Incognito erlauben zu können.

Wo sind die Fundstellen der Weisheit? Gewöhnlich dort, wo diese begraben liegt.

Auch leere, versiegelte Briefumschläge enthalten ein Geheimnis.

Dem Pegasus gab man Flügel, damit er seltener ausschlüge.

Ich flicke dem Menschen am Zeug, um seine Nacktheit zu bedecken.

Sogar unsere Schicksalsbahnen sind verstaatlicht!

Wehe, wenn der Kopf des Beklatschten zwischen die Hände der Klatschenden gerät.

Ehre muß man erweisen.

»Messieurs, faites vos jeux!« Der Erdball rollt.

Der Mensch? Ein Abfallprodukt der Liebe.

Könnte man doch erst nach dem Tode seiner Feinde geboren werden!

Auch zahme Hyänen leben vom Aas.

Kannibalen bevorzugen Menschen ohne Rückgrat.

Er war ein vorzüglicher Hüter des Rechts. Er behütete es so gut, daß niemand in dessen Genuß kam.

Vaterlandsliebe kennt keine (fremden) Grenzen.

Hoffentlich unterläuft dem Irrtum ein Fehler. Dann kommt alles von selbst in Ordnung.

Wer Echo findet, wiederholt sich.

Unvergängliche Werte unterliegen keinen Kursschwankungen. Sie werden nicht notiert.

Die Macht wechselt häufiger von Hand zu Hand als von Kopf zu Kopf.

Grundsatz: Ein Schauspieler, der stottert, darf keinen Stotterer spielen.

Der Mensch hat zwei Profile. Eins links und eins rechts. Ja, und noch zwei andere innen.

Der Chauvinismus ist so flach, daß er überall Eingang findet.

Paßt auf, nicht nur ein Druckfehler kann Rationalismus in Nationalismus verwandeln.

Er wusch seine Schuld ab, um seinen Ruhm zu reinigen. Damit war auch dieser futsch.

Habe ich daneben getroffen? Dann stimmt's: es war mein Ziel.

In der Zukunft werden die Menschen ihr Mäntelchen nach den interplanetarischen Winden hängen müssen.

Wer ab und zu ein Auge zudrückt, kann auch im Wachen träumen.

Manchmal hat man das dumme Gefühl, auf der Bühne herumzustehen und nicht einmal Statist zu sein.

Niemand ist imstande, die empfindliche Lücke im Herzen zu schließen, die eine Kugel hinterläßt.

Vieles vom eisernen Repertoire der Bühnen gehört zum alten Eisen.

Dinge, die an sich lächerlich sind, taugen für eine Satire wenig.

Die Aufführung zeigt, was Regie aus einer Idee alles machen kann.

O glückliche Zeiten, da man nur dann vor die Mauer ging, wenn man pinkeln wollte!

Allgemein menschliche Werte sind die, die es nicht lohnt, über die Grenze zu schmuggeln.

Umgang mit Zwergen krümmt das Rückgrat.

Ich sah fliegende Käfige. Es waren Adler darin.

Man drücke einem Barbaren ein Messer, eine Pistole oder eine Kanone in die Hand, aber um Gottes willen keine Feder! Er macht auch euch zu Barbaren.

Auch Unfruchtbarkeiten pflegen trächtig zu sein.

Gäbe es die Wirklichkeit nicht, könnte sie niemand feststellen.

Wenn politische Fabeln von Tieren handeln, ist die Zeit sicherlich animalisch.

Wie viele großartige Tragödien wurden durch einen einzigen Applaus zur Farce!

Er hatte seinen Wohnsitz von Sodom nach Gomorrha verlegt.

Nicht jedes Werk schafft einen Autor.

Wenn zwei Einsamkeit suchen, droht der Welt Überbevölkerung.

Vorsicht: Wenn Zuschauer gähnen, fletschen sie die Zähne.

Arme Erde, alle unsere Schatten fallen auf sie.

Er trug seine Fahne hoch – um sie nicht sehen zu müssen.

Alle großen Tragödien haben ein Happy-End, aber wer hielte sie bis zum Ende aus!

Aus der Problematik des Rechts: bis zu wie vielen Toten darf man sich irren?

Wer vor Begeisterung stirbt, hüte sich vor der Auferstehung.

Ach, wäre es doch möglich, eine Zeitrechnung anno homini zu erleben!

Früher standen sich die Menschen näher. Es blieb ihnen nichts anderes übrig. Die Schußwaffen trugen nicht weit.

Womöglich sollte es so sein, daß Bethlehem in der Gegend von Sodom und Gomorrha liegt?

Wie viele gibt es, die, um den eigenen Nabel nicht aus dem Auge zu verlieren, bereit sind, ihre Rücken zu krümmen!

Auch wer durch den Styx schwimmt, hat Angst vor dem Ertrinken.

Selbst Tote schweigen – bis die Zeit für sie zu reden anfängt.

Wer erfindet ein Analphabet für die Verständigung mit Analphabeten?

Wie stickig! So öffnet doch die Fenster, mögen die da draußen es auch zu spüren bekommen.

»Du sollst nicht töten« war leider von rechts nach links geschrieben: auf das Herz zielend.

Kain ist schlauer geworden. Er hinterläßt sein Zeichen auf der Stirn Abels.

Die wenigsten Verbrechen kommen in Gefängnissen vor. Unter Gefangenen.

Mißtrauisch betrachtete der Dichter seine Sätze: Welcher von ihnen würde seinen Grabstein schmücken?

Manchmal hat man das Gefühl, in uns wohne ein amtlich zugeteilter Jemand.

Und vielleicht hat die herrliche Höhlenmalerei seinerzeit in den Untergrund flüchten *müssen*?

Nichts fällt einem von selbst zu: sogar eine Dummheit muß man erst *machen*.

»Es wird nie so heiß gegessen, wie gekocht wird« – trösteten die Gegessenen die Gekochten.

Im Rachen des Löwen zu stecken, das ist gar nichts, aber mit ihm den Geschmack zu teilen, das ist schrecklich.

Je tiefer du fällst, desto weniger tut es weh.

Ein beschlagener Pegasus hat keinen leichten Flug.

Zuweilen schluckt der Fisch den Angelhaken zusammen mit dem Angler.

Die Überbevölkerung hat dazu geführt, daß nun in einem Menschen mehrere wohnen.

Es kommt vor, daß der Fähnrich in eine andere Richtung flattert als die Fahne.

Auf einem Giraffenhals beginnt sogar der Floh an seine Unsterblichkeit zu glauben.

Wißt ihr, wo die Hoffnung immer zu finden ist? In der Garderobe der Hölle, unter der Aufschrift: »Lasciate ogni speranza.«

Die Leges verändern den Logos.

Was unvorstellbar ist, kann immerhin käuflich sein.

Es gibt Robinsone, die Schiffbruch erlitten, als sie ihr Eiland verließen und an dem bevölkerten Festland strandeten.

Alle Versuche, die Liebe wiederzubeleben, sind umsonst. Im besten Falle zeugt man einen Menschen.

Ein Sodomit erregte sich beim Betrachten eines Schulbuches der Zoologie. Soll man das Buch deshalb als eine pornographische Publikation verwerfen?

Barfuß zu gehen schickt sich nur für die, die Schuhe besitzen.

Surrealismus, der Wirklichkeit wird, muß wohl aufhören einer zu sein, oder?

Wie wenig bleibt vom Waldzauber in der Pilzsuppe übrig!

Nicht jedem Ei entschlüpft sogleich ein Kolumbus.

Sage mir, mit wem du schläfst, und ich sage dir, von wem du träumst.

Rührend sind die Erinnerungen an die Erinnerungen.

Er versteckte sich hinter der Zunge, die er der Öffentlichkeit zeigte.

Armer Mensch. Du sagst »Nach mir die Sintflut«, dabei ziehst du nur an der Wasserspülung.

Die Wahrheit liegt meist in der Mitte. (Und ohne Gedenkstein.)

Die Tyrannen machen von der Meinungsfreiheit gleichfalls keinen Gebrauch.

Bin ich berechtigt, mich für den Autor von Gedanken zu halten, die mich ungebeten heimsuchen?

Unter Stockschlägen regt sich die Muse sogar in einer hohlen Trommel.

Soll Kunst verständlich sein? Ja, aber nur für die, für die sie bestimmt ist.

Versuche, etwas zu sagen, ohne dich auf die Tradition, auf Sprichwörter und Idiome zu berufen, ohne – und sei es nur die landläufigste – Literatur zu zitieren. Wie schwer es doch ist, einfältig zu sein!

Wer leicht vergißt, besteht sein Lebensexamen besser.

Was helfen Atteste der Unzurechnungsfähigkeit. Idioten erkennen sie nicht an.

Lachen erzeugt Gelächter und dieses erst ein Lächeln.

In Sternennächten trug er einen Regenschirm. Ihn ängstigte der Gedanke an den Kosmos.

Was ein Dichter über den anderen zu sagen hat, kann man auch sagen, ohne einer von beiden zu sein.

Panem et circenses! Immer weißeres Brot und immer blutigere Spiele.

Generationsunterschied: wir hatten miteinander geträumt, und sie: sie schlafen miteinander.

Wiegenlieder für das Kollektiv: Märsche oder laute und lustige Weisen.

Nach dem »letzten Schrei« der Literatur erwarte ich gewöhnlich ihren letzten Atemzug.

Wenn jemand nachweisen könnte, er sei Nachkomme des Spartakus, dann wäre er heute kein Funktionär der Linken, sondern Zierde der römischen Aristokratie.

Nur wenige sahen es dem 19. Jahrhundert an, daß ihm das 20. folgen würde.

Merke: auf dieser Erde gravitiert alles nach unten.

Er verkaufte sich nach beiden Seiten. »Des Gleichgewichts wegen.«

Man sollte alle Menschen menschlich gleich behandeln. Mit der gleichen Grausamkeit.

Die anderen haben alles lächerlich gemacht, aber mich schmückt man dafür mit dem satirischen Lorbeer.

Wie viele Lebensläufe muß man plündern, um den eigenen unsterblich zu machen!

Es ist widerlich, in einem schmutzigen Fluß wider den Strom zu schwimmen.

Zeitkrankheit: die Überfunktion der politischen Drüse.

Selbst der allerflachste Mensch hat leider drei Dimensionen.

Seinem Mund entfliehen die edelsten Worte. Wundert euch das?

Wie oft ist es der Sänger, der auf das Ende des Liedes wartet!

Klassenkampf im Einzelmenschen. Vor allem nach seinem sozialen Aufstieg.

Ich glaube an die Wiederfleischwerdung der Ideologie.

Wem Worte fehlen, der bekommt sie portofrei vom Staat geliefert.

Wer Scheuklappen trägt, sollte wissen, daß dazu auch noch Zaum und Peitsche gehören.

Sie blasen so laut ins Füllhorn – es muß wohl leer sein.

Kunststück: wenn auf der Bühne viele Personen Stoff genug haben, darüber zu reden, daß der Autor nichts zu sagen hat.

Selbstmord des Satirikers: mit der abgestumpften Spitze seiner Satire.

Mensch: persona non grata.

Nicht jede Salve verkündet eine Revolution.

Mensch und Mensch finden selten zueinander, aber Berg und Berg immer.

Der Literatur wird häufig vorgeworfen, sie mache den Gefangenen die Flucht aus der Wirklichkeit leicht.

Wir zahlen mit dem Leben oder mit dem Tod. Die Währung bleibt die gleiche.

Es war uns nicht gegeben, unter einem glücklichen Stern geboren zu werden. Wir wurden auf ihm geboren.

Ich bin voller Zuversicht. Die Menschheit brach die Gesetze der Moral; warum sollte es ihr mit denen der Physik nicht auch gelingen.

Ein Weg zur Perfektion der Kunst: durch Elimination. (Doch nicht der Künstler!)

Man sieht's: die Kräfteverhältnisse werden nicht von Ästheten geschaffen.

Und was sagst du dazu, Physik? Menschliche Reibungen erzeugen ... Kälte.

Das Jenseits wird von Gesetzen regiert, die das Diesseits erlassen hat.

Und vielleicht möchte dein Gott, daß du ihn vor den anderen preisest?

Ich stelle ausweichende Fragen, um den ausweichenden Antworten zuvorzukommen.

Marionetten träumen umsonst vom Monolog des Prinzen Hamlet.

Es genügt, sich einer Illusion hinzugeben, um reale Konsequenzen zu verspüren.

In der Natur geht nichts verloren – mit Ausnahme der Hoffnungen, die sich erfüllt haben.

Wie entsteht Pessimismus? Wenn zwei Optimisten aufeinanderprallen.

Menschliche Gradlinigkeit ist nicht immer der kürzeste Weg zum Ziel.

Die Kunst war seine Passion. Er verfolgte sie.

Wann wird der Mensch den zwischenmenschlichen Raum erobern?

Die Intrigen der Stücke von Z. finden hinter den Kulissen statt.

Nur die Narren dürfen nicht ungestraft zittern: ihre Schellen verraten sie sonst.

Graben wir tiefer. Womöglich entdecken wir die Spur einer großen Kultur, die vorhanden war, bevor der Mensch erschaffen wurde.

Kind der Zeit, wähle, mit wem sie dich zeugen soll.

Schone dich. Du bist Eigentum des Staates.

Wie schrecklich: ein mit Honig beschmierter Knebel.

Wer soll im Kampf der Geschlechter unparteiischer Richter sein? Ein Zwitter?

Witze über Irre, von ihnen selbst erzählt, haben beunruhigend nüchterne Pointen.

Aus dem Tagebuch der Ewigkeit: »Nur eines überlebte vom Anfang der Welt bis zu ihrem Ende: die Angst.«

Er lachte nur im Geiste – und wenn, dann in dem des Gesetzes.

In der Liebe richtet sich die Aussagekraft der Blumen nach ihrem jeweiligen Ladenpreis.

Zahnlose haben größere Zungenfreiheit.

Wer seinen Kopf verliert, der verspielt – lehrt die Französische Revolution.

Auf der Straße der Tugend lauern Gefahren. (Das Verkehrsamt tut so, als gäbe es keinen Gegenverkehr.)

Physikalisches Gesetz: steigt das Wasser höher, gewinnt das Leben an Gewicht.

Frauen sind sadistisch – sie quälen uns mit den Leiden, die wir ihnen zufügen.

Die Moral fällt: auf immer bequemere Pfühle.

Es gibt Volkstragödien, die keine Pause kennen.

Auch geistige Kastraten machen sich mit schriller Stimme bemerkbar.

Wie viele Nachtigallen muß eine Bestie fressen, um selbst zu singen?

Der Kampf der Geschlechter kennt nur konventionelle Waffen.

Dichter sind wie Kinder: wenn sie am Schreibtisch sitzen, reichen sie mit den Füßen nicht einmal bis zum Boden.

Positive Helden müssen nicht erst erschaffen werden; es genügt, sie zu nominieren.

Auf dem Maskenball der Begriffe gefällt sich der Slogan als Definition.

Selbst Balaams Esel sprach menschlich. Könnten nicht manche Schauspieler seinem Beispiel folgen?

Literatur der Tatsachen? Manche Tatsachen möchten es verhindern. Im eigenen Interesse.

Wer stünde nicht auf der Seite des Menschen. Doch nicht alle auf seiner Innenseite.

Shakespeare war *vielleicht* nicht Shakespeare. X ist es ganz *bestimmt* nicht.

Vox populi vox Dei ex machina.

Roboter, triumphiert nicht zu früh. Der nächste Fortschritt könnte auch euch befreien.

Streckt eure Nasen nicht über das Pflichtprofil hinaus!

Man sollte über ihn in lauter Superlativen schreiben – allerdings negativ.

Ich singe im Chor – doch nur Solopartien.

Ob der Affe im Augenblick, als er auf den Hinterbeinen Männchen zu machen lernte, menschlicher wurde?

Gipfel von Schablone: Vorbild bleiben.

Nehmt euch die griechischen Akteure zum Vorbild. Tragt Masken, schont das eigene Gesicht.

Im Hause des Gehenkten spricht man nicht vom Galgen. Und im Hause des Henkers?

Götter erben voneinander die Eigenschaften und die Gläubigen.

Ein junger Liebhaber ist Sultan und Eunuch zugleich, und sein Harem ist übervölkert von einer einzigen verhundertfachten Geliebten.

Bald wird unser Dunkel hell sein: Moder leuchtet.

Das Leben betrügt uns alle. Auch geborene Schurken landen ganz oben.

Es gibt tiefgläubige Menschen – denen nur die Religion fehlt.

Kinder suchen immer nach dem Geheimnis jenseits des Spiegels. Nur wir Erwachsenen begnügen uns mit unserer flachen Vordergründigkeit.

Die primitive Gerechtigkeit als Objekt des Tauschhandels (»Auge um Auge, Zahn um Zahn«) ist mit der Zeit zur raffinierten Gerechtigkeit als Objekt der Kaufkraft avanciert.

Größenwahnsinn: Kinderkrankheit der Zwerge.

Von einem System werden wir uns lange nicht befreien können: von dem Sonnensystem.

Um wieviel schöner wäre die Welt, gäbe es nicht so viele schöne Frauen darin.

Wer hört, wie das Gras wächst? Die Mäher.

Ein Adler mit dem Blick eines Falken, mit dem Gefieder eines Kolibri, der Stimme einer Nachtigall und dem Fleisch eines Kapauns – das wäre was!

Philosophische Konstruktionen sollten so leicht sein, daß sie zusammenbrechend ihren Erfindern keinen Schaden zufügen.

Selbst der Stahl zischt, wenn man ihn härtet.

Ich lache Ihnen ins Gesicht? Wohin denn sonst?

Armer, dummer Bandwurm! In menschlicher Haut zu stecken, ohne ein Mensch zu sein!

Meine Herren, wie komme ich nach Kleckersdorf, wo alle Wege nach Rom führen?

Vermeidet Blutvergießen. Ein Held honoris causa täte es meinetwegen auch.

Kollektiver Irrtum ist leichter zu tragen.

Vieles mußte nur deshalb unterbleiben, weil man es nicht zu benennen wußte.

Wisse, du bist ein austauschbares Teilchen des Alls.

Aus einem gebrochenen Rückgrat wächst ein psychischer Buckel.

Es gibt Stücke, die so schwach sind, daß sie aus eigner Kraft nicht vom Spielplan herunterkönnen.

Das Leben zwingt den Menschen zu allerlei freiwilligen Handlungen.

Neros Lyra war eine Stimmgabel.

Die Kunst lebt nicht von Sessionen, sondern von Obsessionen.

Das Leben hat auch dunkle Seiten: es sind die Reste seines Anstands.

Der Fisch wird schuldig, wenn er den Haken (das fremde Eigentum) schluckt.

Am schlimmsten ist es, in sich selbst vereinsamt zu sein.

Schade, daß Kain und Abel keine siamesischen Zwillinge waren.

Gerade Haltung kann unter Umständen nur ein Symptom der Lähmung sein.

Es gibt einen fruchtbaren Wüstensand, in dem Straußenköpfe bestens gedeihen.

Denkt daran, daß auch der Unglaube irgendwessen heiligstes Gefühl sein könnte. Verspottet ihn nicht.

Ein Mensch mit einem großen Herzen *muß* an Gleichgewichtsstörungen leiden.

Ich kannte Feuerwehrleute, die über ihrem Bett nicht den heiligen Florian, sondern Prometheus hängen hatten.

Das Begreifen mancher Werke gleicht ihrem Erschaffen.

Wie oft spielen wir eine Komödie ohne Hoffnung auf Applaus.

»Ich bin ein Dichter von morgen«, hatte er gesagt. »Sprechen wir darüber übermorgen«, habe ich geantwortet.

Die Plagiatoren schlafen ruhig. Frau Muse gibt selten preis, wer der erste war.

Viele Menschen erleben eine Tragödie. Leider haben nicht alle einen Sophokles als Texter.

In der Geschichte zählen selbst die unvollendeten Taten.

Auch die Überflüssigen werden ständig gebraucht.

Da sprach der Eunuch: »Was soll ich mit einem Weibe, ich brauche einen ganzen Harem.«

Die größten Optimisten sind die Ben Akibas: »Alles ist schon einmal dagewesen.«

Ich sah eine Szene: Im Probierglas kochte Blut. Ein Assistent, der abseits stand, notierte gewissenhaft den Namen des Patienten.

Wer den weitesten Horizont hat, hat meist die schlechteste Aussicht.

Autodidakten sollten sich treu bleiben und nicht die anderen belehren wollen.

Ist ein Hund, der an die Hütte gebunden ist, ihr auch verbunden?

Will das Salz süß sein und der Zucker salzig, sträubt sich unser Geschmack. Mit welchem Recht eigentlich?

Allmählich verliert das Verbrechen seine Romantik. Es wird zur Klassik des Alltags.

Schließlich wird der Mensch weder durch Deduktion noch durch Induktion untersucht, sondern durch Obduktion.

Vielleicht sind die Mauern von Jericho von den schrillen Fanfaren *innerhalb* der Mauern gefallen?

Wer hat euer Gesicht so entstellt? Die allzu großen Worte.

Auf den Geschmack des Kritikers X kann man sich verlassen. Er ist zuverlässig schlecht.

Auch die Schweine grunzen manchmal verächtlich ihren Hirten an: »Du Schweinehirt!«

Auf den Seitenpfaden des Denkens huscht an dir gelegentlich der entsetzte Sinn vorbei.

Satiriker sterben mit zwinkerndem Auge.

Der Nationalismus kann gewaltig sein. Niemals groß.

Nicht alles, was schwankt, ist eine Wiege.

Die Gegner in der ersten Frontlinie stehen sich am nächsten.

Der Künstler stand auf der Stelle: das Publikum lag ihm zu Füßen.

Vor Zwergen muß man sich tief verneigen.

Menschen haben Spätzündung: sie begreifen alles erst in der nächsten Generation.

Wie können die, die sie nie gekannt haben, die Freiheit erkennen? Und wenn sie dahinter eine neue List des Tyrannen befürchten?

Rechtfertigung der Kannibalen: »Menschen sind Vieh.«

Und plötzlich erwacht der Autor im Bauch der Leser, wie Jona in dem des Wals. Allerdings fühlt er, daß ihn die Kundschaft restlos verdaut hat. Gibts keinen Ausweg aus diesem Erfolg?

Welche Taktlosigkeit, auf irgendwessen Gebein eine Melodie zu spielen, die der Verstorbene nicht mochte.

Orphei steigen in den Untergrund – nicht nur, um Eurydike zu finden.

Unsere Taten sind dabei, unsere Gedanken einzuholen. Wehe, wenn sie sie überholen.

Auch Judas lernte es, Kreuze zu tragen.

Das Leben ist gefährlich. Wer lebt, stirbt.

Die Armen im Geiste können sich nur einen billigen Optimismus leisten. Er kostet zwar auch viel, aber nicht sie, sondern die anderen.

Wer gibt den Satirikern das Recht zu wettern? Die herrschende Rechtlosigkeit.

Die Folgen der Unterdrückung hängen vom Material ab. Die einen macht sie kleiner, die anderen größer.

Er war ein As. Allerdings in einer sehr schmutzigen Hand.

Ich schreibe lauter Gelegenheitswerke: vom Leben.

Den höchsten Sinn für Humor haben die Toten – für sie ist alles lächerlich.

Feile an deinem Gedanken; vielleicht ist das eine Art zu entkommen.

Wer sich von der Politik fernhält, hat täglich einen mühsamen Weg zu ihr.

Wahre Freundschaftsknoten lassen sich von beiden Seiten lösen.

Auch Vierbeiner stellen sich manchmal auf die Hinterbeine. Was tut man nicht alles des Fressens wegen oder aus Angst.

Schwimmer gegen den Strom dürfen nicht erwarten, daß dieser seine Richtung ändert.

Er war das Gewissen einer Zeit, die keins hatte.

»Jeder Schritt ist gefährlich!« pflegte ein Tanzlehrer zu sagen. »Er könnte der Anfang von einem neuen Tanz sein.«

Ein Schauspieler sollte auch dann etwas zu sagen haben, wenn seine Rolle nichts zu sagen vorsieht.

Gottlob ist auch der Mechanismus der Diktatur kein perpetuum mobile.

Bauen wir provisorische Sätze. Denn wenn ein Erdbeben kommt...

Seien wir wenigstens so lange Mensch, wie die Wissenschaft nicht entdeckt, daß wir etwas anderes sind.

Seltsam. Die »Philosophie der Verzweiflung« fürchten am meisten die Optimisten.

Ein großer Schauspieler gewinnt gerade dank der Schminke, der Perücke oder der künstlichen Nase sein eigenes Gesicht.

Der Mensch ist wie eine Schnecke: ein Weg zu sich selbst.

Romanschriftsteller: einer, der aus Feigheit seine Gedanken in fremden Köpfen versteckt.

Man muß brutal sein, um sein Feingefühl durchzusetzen.

Zuweilen wedeln Hunde mit den Ketten.

Ich mache den Menschen kleiner? Möglich. Damit ihn die Bestie nicht sieht.

Legenden leben fort dank dem schwachen Gedächtnis der Geschlechter.

Ich kenne Folgen, die sich jedes Jahr eine neue Ursache erfinden.

Unter allen menschlichen Entdeckungen sollte die Entdeckung der Fehler die wichtigste sein.

Sie beobachten mich durch ein Vergrößerungsglas: um mich kleinzukriegen.

Wer achtet schon auf die Finger der Hand, aus der er frißt?

Die Gegenwartsstücke werden mit jeder Aufführung älter.

Dramatiker: Bauchredner der Seele.

Es wäre schön, wenn die Größe einer Nation in jedem ihrer Bürger Platz hätte.

»Der einzelne zählt nicht.« Eine unwissenschaftliche Ansicht.

Wohin führt uns die Konsequenz? Das bestimmt ihre Eskorte.

Fürchte die vielen witzlosen Narren!

Winde verwittern auch.

Geistesgegenwart erfordert nicht immer Geist.

Wer auf dem Gipfel sitzt, besitzt eine Ausrede: Weiter geht's nicht.

Kann der Mensch das Böse abwenden? Ja. Ich erinnere mich, einmal wandte er sich um. Das rettete mir das Leben.

Sieh dir zuerst den Stock des Dirigenten an, bevor du anfängst, im Chor zu singen.

Ein Verurteilter ist niemals seinem Galgen gewachsen.

Ein wahrer Märtyrer ist der, dem man sogar diesen Titel verweigert.

Für mich gibt's in der Kunst keinen Ismus, außer dem Heroismus.

Als ich X sah, mußte ich mich unwillkürlich fragen: »Heißt es eigentlich Denunziant oder Denunziator?«

Ein Stück ist auch dann didaktisch, wenn es Gedankenlosigkeit lehrt.

Kunststück, die Zunge zu zeigen, wenn man nicht gleichzeitig zeigt, was man auf ihrer Spitze hat.

Wie rosig – wenn auf das Blut ein paar Tränen fallen.

Wer seine Rolle im Leben begriffen hat, sucht sich beizeiten ein Double.

Man kann nach einem Ziel nur dann sein Leben lang streben, wenn sich dieses Ziel ständig entfernt.

Auch Republiken werden manchmal von Königen regiert, die nackt sind.

Ob wenigstens diejenigen, die uns die Ideale genommen haben, jetzt selbst welche haben?

Eine gefälschte Banknote, die alle für echt halten, muß schließlich an einem Komplex scheitern: niemand bewundert die Meisterschaft ihrer Fälschung!

Die himmlischen Körper kreisen stets auf denselben Bahnen nach stets wechselnden Gesetzen.

Sicherlich hat sich auch im Paradies alles zum Besseren gewandelt.

Manche Hintergründe dulden keinen Vordergrund.

Wenn der Mensch zum Leben unfähig ist, sollte er sich umschulen lassen. Vielleicht ist er für eine andere Daseinsform geeignet.

Gewissen werden meist von den eigenen Bissen wund.

Heult! Ihr werdet euch um einige Millionen Jahre jünger fühlen.

Spuren vieler Verbrechen führen in die Zukunft.

Sie nannten ihn doppelgesichtig. Dabei zeigte er ihnen nur den Hintern.

Klingele nicht mit den Schlüsseln zum Geheimnis.

Der Mensch erfand seine Werkzeuge allmählich. Er selbst aber ist Werkzeug des Menschen seit der Urzeit.

Beweis für den gestiegenen Lebensstandard: wer würde heut schon sein Erstgeborenenrecht für ein Linsengericht verkaufen.

Das Opfer ist stets am Verbrechen beteiligt. Sogar negativ.

Wir sind alle aus einem Lehm gemacht. Das schafft zuweilen die Gefahr, daß wir zusammen mit den anderen in einen Topf geworfen werden. Was daraus entsteht, sind die dritten.

Schwer, sich selbst die Wahrheit zu sagen, wenn man sie kennt.

Glaubt ihr nicht, daß mich mein scharfer Blick bis aufs Blut verwundet?

Mehr sagen von der Zeit die Wörter aus, die man nicht gebraucht, als die, die man mißbraucht.

Ein narzißtischer Sodomit: liebt seinen inneren Schweinehund.

Was für Schmeichler, diese Satiriker: Verspotten Tugenden des Volkes, die es nicht besitzt.

Hütet euch vor Themen, von denen ihr nicht loskommt.

»Und sie rollt doch!« Gut, aber wohin?

Auch fremdes Analphabetentum macht das Schreiben schwer.

Die Träne läßt sich leichter verbergen, wenn man die Welt mit zugekniffenem Auge betrachtet.

Leichter werden einem Volk seine Irrtümer verziehen als dem einzelnen seine Rechte.

Der Mensch ist die Dornenkrone der Schöpfung.

Im Anfang war das Wort – dann kam das Schweigen.

Ob der Tod der Dialektik unterliegt?

Seien wir diskret. Fragen wir die Toten nicht danach, ob sie gelebt haben.

Narr bei einem Leichenschmaus zu sein – ist eine tief menschliche Berufung.

Ende der Todesanzeige: Er ist nicht tot. Er hat seine Lebensweise geändert.

Man muß die Anzahl der Gedanken derart vervielfachen, daß die Anzahl der Wächter für sie nicht ausreicht.

Spätlese unfrisierter Gedanken

Mut ist Freiheit, Freiheit ist Glück.
Thukydides

*Aufgefunden in den nachgelassenen
Sudelheften des St. J. Lec*

Aus einer Sackgasse gibt es leider keinen sicheren Rückzug.

Plagiat? Früher gab es dieses Problem nicht. Man entlieh rechts und links, gab es dann allerdings wieder zurück: als Literatur.

Zu denken in Zeiten, die einen zum Denken zwingen – was für ein Konformismus!

Ein Hirn, das einen Wirklichkeitssinn besitzt, muß non-realistisch wirken.

Er setzte auf ein gutes – trojanisches – Pferd.

Gedanken, die gut sichtbar sind, sind nicht gern gesehen.

Ein richtiger Kolumbus sollte zwei Eier beanspruchen dürfen.

Die einzige antike Valuta, die heute noch im Umlauf ist: Dreißig Silberlinge.

Die Welt zu Ende denken?

Zweideutigkeiten zeugen allerlei Bedeutung.

Nicht alle Besitzenden wollen eine Klasse bilden. Soll man sie zwingen?

Poetische Metaphern gelingen, weil die verglichenen Dinge sich nicht entrüsten können.

Die Verbindung mehrerer Gesichtspunkte ergibt Gitter.

Ein Dummkopf folgert niemals falsch.

Er konnte nicht bis drei zählen, aber er zählte.

Am fatalsten ist das Ergebnis der Gleichung mit einer Bekannten, die wir nicht zur Kenntnis nehmen wollen.

Wie viele letzte Worte kämpfen um den ersten Platz!

Menschenraub ist strafbar. Und Völkerraub?

Ich denke nicht daran zu kapitulieren. Ich zwinge meinen Feind, mich zu besiegen.

Auch ein Eunuch würde gern alles noch einmal ab ovo beginnen.

Wie oft fehlt einem Hirn der Kopf.

Deine Hand sei rein. (Zumindest der Zeigefinger.)

Lügen haben kurze Beine, verstehen es aber vorzüglich, sie zu stellen.

Von der Mehrzahl der Werke bleiben nur die Zitate übrig. Ist es dann nicht besser, von Anfang an nur die Zitate aufzuschreiben?

Ob sich Pyrrhus hat umschulen lassen – auf Niederlagen?

Die Zunge reicht weiter als die Hand.

Zögere nicht: warte!

Ein Irrtum wird dann zu einem Irrtum, wenn er sich als Wahrheit zu erkennen gibt.

Dem letzten Krieg ist es zu danken, daß die Menschheit neue Goldvorkommen entdecken konnte. Im Gebiß der Gefangenen.

Am leichtesten entkommt man durch die Lücke im Gedächtnis.

»Klasse!« sagte er, als er die Bourgeoisie zu sehen bekam.

Wie doch die Blindheit die Treffsicherheit fördert!

Nichts ist zeitlos. Nur die Zeit.

Er war ein Casanova. Ohne Praxis.

Auch Mäuse und Katzen existieren seit Millionen von Jahren. Ist das Koexistenz?

Die Inquisitoren kennen die Freiheit – aus den Geständnissen ihrer Gefangenen.

Autovertreter verkaufen Autos, Versicherungsvertreter Versicherungen. Und Volksvertreter?

Gerade denjenigen, die der Wirklichkeit Rechnung tragen, bleibt diese am meisten schuldig.

Die Wahrscheinlichkeitsrechnung ist ein Glaube.

Alles ist schon einmal gedacht worden. Es fragt sich nur – wie.

Der Bazillus der Niedertracht wird ebenfalls zu wissenschaftlichen Zwecken gezüchtet.

Selbst seine Augen hatten die Form eines Schlüssellochs!

Mache dir auf jeden Vers deine eigene Melodie und auf jede Melodie deinen eigenen Vers. Und laß sie, wenn es geht, andere singen.

Was wäre die Ewigkeit ohne die Erfindung der Uhr?

Meine Düsternis sei zum Lachen? Welch hohe Auszeichnung für einen Humoristen!

Am besten spiegelt sich dein Ruhm in der Quelle des Hasses deiner Gegner.

Die Grenze der Freiheit bestimmen die Anrainer.

Wozu Feuer schüren, wenn man nichts im Topf hat?

Hat ein Tier Menschenaugen, fühlen wir uns unwohl. Stimmt's?

Das Suchen nach einem Sinn ist als Tätigkeit sinnlos.

In einer gespannten Situation muß man nicht unbedingt auf den Knopf drücken. Es genügt, ihn zu öffnen.

Oft gibt irgendeine Dummheit den Menschen viel zu denken auf.

O ihr Träume der schlaflosen Nächte!

Seltsam! Ein Hund weiß doch nicht, daß man die Regierung nicht beschimpfen darf. Und trotzdem beschimpft er sie nicht.

Mit einem Papageien finden Menschen leicht eine gemeinsame Sprache.

Beweise schwarz auf weiß? Schematismus.

Das höchste Kompliment für einen Irrtum: Unverbesserlich!

Auch Schritte der Vorsicht hinterlassen Spuren.

Der Sinn verliert oft seine Aktualität, der Unsinn nie.

Nicht jede Sch. hat das Glück, im Alter zum Dünger aufzusteigen.

Manche Gedanken lassen sich nicht aufschreiben. Nur denken.

Wie viele Menschen hocken an den Rubikons und fangen Fische.

Ästheten plädieren für die Kreuzigung.

Läuse verbreiten den Typhus – wie manche Denker ihre Gedanken –, ohne daran selbst zu erkranken.

Wenn alle Wörter verbraucht sind, beginnen Mensch und Mensch sich zu verstehen.

Jedermann schafft sich selbst nach eigenem Vorbild.

Man darf rückwärts träumen, man darf vorwärts träumen – nur nicht hier und jetzt. Hier und jetzt muß man leben.

Auch den Löwenanteil eines Löwen frißt irgend jemand auf.

Die Zeit flieht – vor sich selbst.

Nicht alles an der Oberfläche ist oberflächlich.

Vorsicht auf dem Rückzug. Ihr könntet in den eigenen Fußstapfen steckenbleiben.

Es gibt Gedanken, die unfrisierte Perücken tragen.

Seltsam, immer wird die Wahrheit in Länder geschmuggelt, in denen sie schlechter notiert ist. Worin besteht eigentlich das Geschäft?

Es sei schwierig, seinen Horizont zu erweitern? Und schielend?

Ich bitte darum, die leichte Muse nicht mit der leichtfertigen zu verwechseln.

Aus dem Mundwinkel des Lächelns läßt sich der Radius der Freiheit berechnen.

Selbst in den Labyrinthen gibt es bereits Schilder »Irren verboten!«.

Wundere dich nicht, daß jemand, der nicht duftet, es mag, wenn man ihn beweihräuchert.

Die einzige Möglichkeit zu atmen: fortwährend Hochrufe ausbringen.

Das menschliche Gesicht ist so gebaut, daß es den Mund nicht mehr hält, sobald es die Augen öffnet.

Es ist leichter, jemandem einen Preis als recht zu geben.

Auch Peitschen schlagen Wurzeln, wenn sie auf fruchtbaren Boden fallen.

Wegweiser verwandeln Chausseen in Labyrinthe.

Sollen wir den Mangel an Illusionen auf der Habenseite buchen?

Leben wir länger! Als die anderen.

Ein wahrer Narr kann niemals einen anderen wahren Narren zum Narren halten. Einer von ihnen muß falsch sein.

Tabus, obwohl unantastbar, vermehren sich erschreckend.

Ein Kritiker warf einem Tragöden vor, er sei nicht komisch genug.

Der Lyriker X setzt immer auf ein gutes Pferd. Niemals auf Pegasus.

Darf man an der Wahrheit vorbeigehen? Ja, wenn man ihr vorauseilt.

Jeder Strauch ist ein Feuerbusch, wenn du ihn anzuzünden vermagst mit deiner Phantasie.

Der Standort des Gipfels ist am Abgrund.

Man bringt keine Götter um, an die man nicht glaubt.

Seine Meinung änderte er nie. Nur ihre Façon.

Ich bin gespannt, wie meine Gedanken wären, wenn sie sicher sein dürften, daß ich sie nicht notiere?

Der Grad der Prüderie hängt vom Klima ab.

Bruchstücke gewisser Werke leuchten wie der Torso einer Skulptur mit der Herrlichkeit des Details.

Zweifelsohne war der Mensch einst nackt auf die Welt gekommen, aber heute könnte er es unmöglich bleiben. Ohne Mythos zu leben, wäre er nicht mehr imstande.

Wenn ich ein zweites Mal geboren werde, laß ich mich gleich unter einem falschen Namen eintragen.

Es gibt Straßendirnen – die nicht auf die Straße müssen.

»Religion ist Opium für das Volk, Genosse.« »Einverstanden. Und welches Rauschgift nimmst du?«

Ob die Menschen ebenso häufig starben, bevor man diese Unmenge von Krankheiten erfunden hatte?

Die Welt besteht nicht nur aus lauter Elementen. Ein bißchen Kleister, Zwirn und Draht gehört auch dazu.

Wenn die Menschen einst die Unsterblichkeit erreicht haben werden, werden die Märchenerzähler erzählen können: »Es gab einmal ein Paradies auf Erden, und die Menschen starben ...«

Üben wir Nachsicht: es gibt geniale Irrtümer.

Niemand weiß, wem von uns nach dem Tode der Prozeß der Heiligsprechung gemacht werden wird.

Es gab einen, der ein halbes Leben an einem Gedanken saß und die andere Hälfte für diesen Gedanken.

Auf seinem Grab lag ein Grundstein.

Logik der Tatsachen? Kunststück! Aber die Logik der Hoffnungen!!

Y. wurde grau von den Erinnerungen, die er sich selbst erfunden hatte.

Und doch kommt die Sonne immer ans Tageslicht.

Wann hat das namenlose Glück seinen Namenstag?

Geben wir zu, wir sind auf jede Überraschung vorbereitet, nur die alltäglichen Dinge brechen über uns herein wie Katastrophen.

Auch das Drama des Lebens bedarf einer Regie.

Gewöhnlich ist es so, daß man uns ständig etwas abgewöhnt.

À la mode: Möglicherweise sind die zu Berge stehenden Haare eine Frisur der Epoche.

Dinge, die offensichtlich sind, müssen nicht offenbart werden. Und das ist ihr Vorteil.

Wie mag sich ein Mondsüchtiger auf dem Monde verhalten?

Oft vertragen die Einheimischen das Klima schlechter als die Kolonisatoren.

»Er verließ diese Welt« klingt sehr optimistisch.

Die Genesis der Kunst beginnt mit der Erschaffung des Menschen.

Ich sah Tyrannen, die für die Freiheit kämpften. Für die Freiheit der Unterdrückung.

Gewöhnen kann man sich lediglich an den Tod der anderen.

XI. Gebot: Du sollst nicht radebrechen.

Zu einem tiefen Gedanken muß man sich emporschwingen.

Wenn doch der Opferbock sich auch noch melken ließe!

Manchmal versucht mich der Teufel, an Gott zu glauben.

Aus dem Paradies wurden nur Adam und Eva vertrieben. Wie aber kamen von dort in die Freiheit die Löwen, die Adler, die Affen, die Flöhe und so weiter? Und sogar die Äpfel?

Caesaren werden meist von ihren Freunden umgebracht. Das leuchtet ein.

Es ist unfein, jemanden zu verdächtigen, wenn man ganz sicher ist.

»Wie gern wäre ich noch einmal alt«, meinte eine junge Leiche.

Die Menschen führen miteinander, seit Ewigkeiten, einen Monolog.

Als Kain Abel erschlagen hatte und Abel darauf nichts zu antworten wußte, war der erste Präzedenzfall da: Ein totes Opfer äußert keinen Widerspruch.

»Der König ist nackt!« – aber unter wie herrlichen Gewändern!

Es gibt auch Perfideisten!

Wenn ein Menschenfresser sein Opfer angewidert ausspuckt – ob das den Delinquenten kränkt?

Moral ist eine Sache der Konvention – oder der sofortigen Bezahlung.

So mancher schaufelte, auf der Suche nach Gold, sein Grab.

In jeder Vogelscheuche schlummert der Anspruch auf wirkliches Grauen.

»Definition« und »Finis« haben die gleiche Wurzel.

Erde? Der Punkt unter dem Fragezeichen.

Vorsicht vor den Zungen der Eunuchen. Sie sind zeugungsfähig!

Ob das Abbild eines schmutzigen Menschen im reinen Quellwasser sauber erscheint?

Behüten wir die genialen Gedanken vor dem Betreten eines schwachen Kopfes.

Die Weltbetrachtung ist gratis. Nur für die Kommentare müssen wir teuer bezahlen.

Plattfüße erkennt man sogar an den Stelzen.

Appetit kommt beim Essen. Hauptsächlich, wenn andere essen.

Was ist besser: eine »künstliche Prosperity« oder ein echtes Elend?

Der Narr genoß bei den Herrschenden Sonderrechte. Sie hätten ihm von den Beherrschten nicht garantiert werden können.

Im Dschungel tarnt man den Stahlhelm mit Laub. Ich trage eine phrygische Mütze, die Narrenschellen tarnen.

Manche Verbrechen ahndet man – der schlechten Ausführung wegen.

Er litt an Verfolgungswahn, jemand folge ihm ständig; dabei war es nur der Sicherheitsbeamte.

In jedem von uns steckt ein ich, du, er, wir, ihr, sie. Und noch jemand, den es in keiner Grammatik gibt.

Was bereits in Auflösung begriffen ist, hält (mit Recht) jede Analyse für überflüssig.

Wer zu sehen anfängt, muß sich oft als blinder Passagier zu retten versuchen.

Die Angst eines Seiltänzers: in wessen Netz er fallen könnte.

Immer fürchte ich diejenigen, die nach der Hegemonie der Seelen verlangen. Was tun sie mit den Körpern?

Am schlimmsten ist der moralische Schmutz; er provoziert zum Blutbad.

Seid nicht so grausam, laßt das Leben der Masochisten ungesüßt!

Manche Menschen schmuggeln sich gegenseitig im doppelten Boden des Schicksals.

Verbrechen sind steuerfrei.

Hauptsache, die Wanzen dringen nicht in die Träume.

Was ich meine, ist so alt, daß sich die Menschheit daran nicht mehr erinnern kann.

Schwimm dem Haifisch hinterher, und du kommst bei den Menschen an.

Sein Verstand war offen, leider durch und durch.

Unsere Tage sind gezählt – durch die Statistiker.

Menschen werden geboren im sozialen Auftrag aus Privatinitiative.

Große Zeiten können beachtliche Mengen kleiner Menschen beherbergen.

In den Abgrund springt man ohne Sprungbrett.

Verbrechen: Muse der Prediger und Moralisten.

Die Dummheiten der Epoche sind für die Wissenschaft der folgenden genauso wichtig wie ihre Weisheit.

Irrtümer, die seltener werden, gewinnen an Wert.

Viele verschweigen in den Lebensläufen ihr Nichtvorhandensein.

Ob die Schuldlosen moralisch berechtigt sind, an der Teilung der Beute teilzunehmen?

Die Teufel haben von der Vergesellschaftung der Gegenwart erfahren und wollen nun keine Pakte mehr mit Privatpersonen schließen.

Am schwersten läßt sich der Punkt über dem i ausradieren.

Die Welt ist wahrscheinlich aus Angst vor der Leere entstanden.

Selbst die Hunde bellen in der Hauptstadt zentraler.

Alle wollen unser Gutes. Laßt es euch nicht nehmen.

Wer umsonst in Flammen gestanden hat, streut Asche auf sein Haupt.

Manche Narrenschellen schellen falsch.

Es gibt Zeichen am Himmel und auf Erden: lerne ihre Staatszugehörigkeit zu erkennen.

Seitdem der Mensch aufrecht geht, ist sein Schatten länger.

Der Weg des Menschen in sein Inneres ist – wie bei einer Schnecke – spiralförmig.

Nicht der Panzer schützt die menschliche Haut, sondern das Kostüm.

Baut Brücken von Mensch zu Mensch, natürlich Zugbrücken.

Glut hinterläßt entweder ein Werk oder Asche.

Schade, daß man das Glück nicht auf dem Wege zu ihm finden kann.

Zuweilen läutet die Freiheit mit den Schlüsseln der Gefängniswärter.

Wie viele Masken muß ein Mensch aufsetzen, um den Schlag ins Gesicht nicht zu spüren?

Auch die Garderobe der Seele folgt Modejournalen.

Wird ein Mythos Wirklichkeit – wessen Sieg ist es dann: der Materialisten oder der Idealisten?

Kein Torquemada ist imstande, den Menschen so viele geheime Gedanken zu entlocken wie die Machtgier.

Die Welt kehrt stets zur Norm zurück. Entscheidend ist, zu wessen.

Jugendliche Verbrecher haben keine gesicherte Zukunft. Es könnten aus ihnen noch anständige Menschen werden.

Mein Haß ist gealtert – nun ist er Verachtung.

Renne keine offene Tür ein; man schlägt sie dir sonst vor der Nase zu.

Es ist mühsam, gegen den Strom des eigenen Blutes zu schwimmen.

Ich soll mich nicht von der Wirklichkeit entfernen? Ist sie denn nicht überall?

Ausbeutung des Menschen durch den Menschen? Also doch eine menschliche Sache.

Es hat keinen Zweck für den »pure nonsense« einzutreten, wo der »common nonsense« schon herrscht.

Den Apologeten der Nächte der langen Messer hat es nie an langen Fingern und langen Gabeln und langen Löffeln gefehlt.

Sieht sich ein Staat von einem kleinen Gedanken bedroht, ist es klar, daß der Gedanke groß ist und der Staat klein.

Seitdem er verkalkt ist, hält er sich für ein Denkmal.

Die Maulwürfe halten den Menschen für einen Finsterling. Sie hätten das Licht nicht nötig.

Ein wahrer Gläubiger setzt sich aus Fragen zusammen, ein wahrer Gott aus Antworten.

Hunde mit Maulkorb haben keine Bedenken, sich gegenseitig anzubellen.

In ihm war eine große – mit Bildung randvoll angefüllte – Leere.

Die Idealisten möchten die Seelen materialisieren. Und dann?

Was geschieht mit der optimistischen Literatur beim Weltuntergang?

Ein gedrucktes Gedicht zeugt nicht nur vom Autor, auch vom Zensor.

Auch ein Eunuch sagt *mein* Harem.

Es ist nicht gut, an den Menschen zu glauben; es ist besser, sich seiner sicher zu sein.

»Wildsau« klingt vornehmer als einfach »Sau«.

Du fragst, wie unser Virtuose gespielt hat? Sehr menschlich: falsch.

Unterlassene Handlungen ziehen oft einen katastrophalen Mangel an Folgen nach sich.

Auf der Straße des geringsten Widerstandes versagen die stärksten Bremsen.

Es gibt Barrikaden, die von einer Seite unbewohnt sind.

Die Negation ist ein positives Element der Ganzheit.

Er war absolut flach, und trotzdem wuchs er uns über den Kopf.

Für einen Gentleman ist der eigene Tod keine Ausrede.

Demosthenes konnte mit einem Steinchen im Mund frei reden. Kunststück!

Siegestrunkene werden leicht süchtig.

Es ist keine Kunst, auf ein Ziel zu schießen, wenn es da ist.

Blut ist flüssig, sagte er, warum sollte es nicht vergossen werden.

Ob ich ein Peripatetiker bin? Das hängt davon ab, in welche Richtung ich gehe.

Ich kenne Marionetten, die statt an Schnüren an Ketten hängen.

Die Sklaverei hat ihre guten Seiten. Ein Tyrann kann niemals behaupten, er sei ein Herrscher über Freie.

»Ich mag die Freiheit nicht«, gestand ein routinierter Sklave. »Sie zerstört die Kette, die alle verbindet, und überläßt uns – mutterseelenallein – uns selbst.«

Welch eine Touristenattraktion! So viele Menschenruinen überall im Lande.

Manchmal ist eben das Alibi das Verbrechen.

Die Leichtgläubigen bilden eine gefährliche Sekte.

Totgeborenes lebt gewöhnlich lange.

Ob Polizeihunde einzig und allein legalen Spuren folgen?

»Ich habe gehört, die Welt sei schön«, meinte der Blinde. »Angeblich«, antwortete der Sehende.

Die Augenblicke, da der Mensch sich selber gleicht, sind selten.

Eine Prozeßordnung neueren Stils: die Schuldigen sitzen hinter den Kulissen.

Wo um das goldene Kalb getanzt wird, gibt's auch Metzger darunter.

Selbst wenn du durch fremde Paradiese gehst, geh eigene Wege.

Wie gern erinnert man sich an die Zeit, in der man noch Erinnerungen hatte.

Die Kunst mußte, um realistisch zu werden, den Menschen zunächst entstellen.

Sumpflilien fürchten die Bodenverbesserung: mit Grund.

Alle Menschen schauspielern. Auf das Repertoire kommt es an.

Wer auf Stelzen geht, hat es schwerer; sowohl umzukehren wie auch abzutreten.

Große Männer werden nicht von einer Mutter geboren, sondern von einem Plutarch.

Geschichte: Sammlung von Tatsachen, die vermeidbar gewesen wären.

Aus der Optik: Von weitem sieht alles größer aus.

Ein Polizeistaat besteht nicht nur aus Polizisten.

Gedanken sind niemals frei. Sie sind begrenzt vom Horizont des Schädels.

Der wahre Exhibitionismus besteht im Vorzeigen dessen, was man nicht hat.

Es gibt Zeiten, da die Menschen, wenn sie im Schlaf reden, lügen.

Die Freiheit ist pervers. Sie schläft bei ihren Feinden.

Er war unnachgiebig. Er zwang sich zum Kompromiß.

Handwerk stirbt aus. Auch das des Verbrechens.

Jeder Herde ihr eigenes schwarzes Schaf!

Im Reich der Liliputaner sieht man den Herrscher nur durch ein Vergrößerungsglas.

O dieser Bucklige, der sich für einen Atlas hält!

Wer Glauben schenkt, ist ihn los.

Immer wenn der Mensch an sich zu zweifeln beginnt, passiert ihm eine Dummheit, die ihn begeistert.

Sorge für die Reinlichkeit der Altäre. Du weißt nie, auf welchem du geopfert werden wirst.

Ich habe von Freud geträumt. Was bedeutet das?

Er nahm alles für falsche Münze – weil sie höher im Kurs stand.

Spielen wir mit offenen Karten. Das ist erst ein Glücksspiel!

Das Werk lobt den Meister – falls es ein Publikum hat.

Jedes Selbstbildnis ist ein Akt; nichts enthüllt so vollkommen.

In seinen Worten schloß er die ganze Epoche ein. Der Dichter? Nein, der Richter.

Tyrannen fesseln den Menschen auch in seinem eigenen Innern.

Wähle dein Nachtlager nie dort, wo selbst das Ungeziefer nicht gut schlafen kann.

Jeder muß ans Ufer – wo ihn die Zöllner erwarten.

Es ist leichter, mehrere eigene Bücher vorzuweisen als eine einzige eigene Meinung.

Wer fest im Sattel sitzt, darf nicht ausschlagen.

Selbstmord? Niemals. Ich glaube an den Menschen: Jedermann findet seinen hilfreichen Mörder.

Ich verlor ein Heft mit meinen unveröffentlichten »Gedanken«. Vielleicht fallen sie mir mit der Zeit wieder ein? Aber wenn, dann, leider, um wieviel reifer!

Ein kluger Don Quichotte wartet auf günstige Winde.

Menschen lachen leicht und gern – über andere.

Wer hat den Menschen in der Hand? Die Sachverständigen.

Die Urbanisierung läßt hoffen. Wir bauen tausend Sodom-Städte und kommen auf zehntausend Gerechte.

Es gibt zweierlei Ergriffenheit: die eine greift ans Herz, die andere an die Gurgel.

Überlaß deine Träume dem Feind. Sie werden ihm zum Verhängnis.

Wer nicht glaubt, sollte nicht lästern dürfen.

Daß die Feiglinge auch keine Angst haben, auf den Heldenfriedhöfen zu liegen!

Jedermann will seinen Platz an der Sonne. (Wenn's geht, im Schatten.)

Ein Mensch ohne Makel fällt auf und ist somit gefährdet.

»Und doch kehren wir zu unserer ersten Liebe zurück.« Aber mit welch anderen Absichten.

Man darf die Hoffnung nicht verlieren. Eines Tages entpuppen sich die Bestien als Menschen und können für das Bestialische dann nicht mehr zur Verantwortung gezogen werden.

Wie oft werden Trinksprüche mit vollem Kelch der Bitternis ausgebracht!

Sagt jemand: »Es gibt keine Heiligen!«, sind sogar die Atheisten beleidigt.

Resonanz? Wenn der richtige Mensch an der richtigen Stelle getroffen wurde.

Nicht das Unmögliche vom Leben fordern? Warum nicht? Seine Möglichkeiten sind sowieso begrenzt.

Der Unterschied zwischen konstruktiven und destruktiven Zeitgenossen? Die ersten bauen Konzentrationslager, die anderen reißen sie ein.

Schreckgespenst der Zukunft: Denkmäler, die reden.

Die Schönheit ist niemals nutzlos. Sie ist zumindest dazu da, daß man sie hasse.

Wer weiß, wie viele Gebote Gottes uns verheimlicht worden sind.

Darf ein verspeister Missionar seine Mission für beendet halten?

Gib acht in Kurven, in denen du dich selbst überholen mußt.

Wir brauchen dringend Heilanstalten für Glücksuchtkranke.

Je üppiger die Phantasie, die ein Mensch hat, um so bescheidener sein Selbstbewußtsein.

Wegweiser machen einen Leidensweg nicht leichter.

Manche halten ihre Exhumierung für eine Auferstehung.

Ich frage mich, was das Gesetz strenger bestrafen müßte: das bewußte oder das unbewußte Verursachen des Lebens.

Hätte ich damals gewußt, was ich heute weiß, wüßte ich es nicht heute.

In der letzten Woche bereiste ich die Provinz. Ich bin dort Gedanken begegnet, die noch nie eine Reise in die Hauptstadt gewagt hatten.

Wer in der Hölle sündigt, sollte heiliggesprochen werden.

Aus der Phantasie eines vergesellschafteten Kindes: Wie viele Tropfen müssen eine Genossenschaft bilden, um als Regen niederzufallen?

Der Prozeß wurde sehr human geführt. Die Fürsorge für den Angeklagten ging so weit, daß der Staatsanwalt sogar dessen Schuldbekenntnis für ihn zu sprechen übernommen hatte.

Gedanken gehen verschiedene Wege. Ich habe Angst, daß sie einem Menschen begegnen.

Am gemeinsten drückt der fremde Schuh.

Er konnte kein eigenes Konto eröffnen, also öffnete er einen fremden Tresor.

Die Welt schreitet voran. Es ist Zeit, den Katalog der Hauptsünden zu erweitern!

Im Laufe eines einzigen Satzes entsteht, lebt und stirbt ein Mensch.

Konsequente Sparsamkeit müßte zur Abschaffung der Welt führen.

Wer aufwärts strebt, ist sich selbst Ballast.

Nicht in allen Bäumen brüten Nachtigallen.

Ich glaube nicht, daß die Fische nicht wissen, was rings um sie geschieht. Sie würden sonst nicht so hartnäckig schweigen!

Die meisten Formen hat die Abstraktion.

»Nichts als Worte!« sagten sie verächtlich und verboten diese.

Für die Größe ihres Landes treten am auffälligsten die Bürger jener Staaten ein, die ihnen nur innerhalb ihrer Grenzen zu reisen erlauben.

Je weicher die Wahrheit, desto steifer der Standpunkt.

Die Wahrheit findet mündlich Verbreitung, zur Popularisierung der Lüge bedient man sich gewöhnlich eines Apparats.

Gäbe es nicht die Gedanken, wäre der Mensch einsam.

Gitter werfen Schatten nach außen.

Die Zeitenfolge ist trügerisch. Die Menschen fürchten die Vergangenheit, die kommen kann.

Die Industrialisierung des Landes sollte man nicht mit der Automation der Bevölkerung beginnen.

Warum benutzen wir keine empfängnisverhütenden Mittel gegen die Früchte der Phantasie?

Gesegnet seien die Demagogen; in ihrem Munde verwandeln sich sogar Lügen in tägliches Brot.

Falsche Banknoten gewinnen mit den Jahren einen Sonderwert.

Die Vergangenheit wächst mit der Gegenwart.

Wehe den Nachbarn, wenn ein Volk an der Grenze der Verzweiflung lebt!

Wie wagst du anzunehmen, es wären keine Freiwilligen gewesen! Irgendwessen freiem Willen folgten sie schon!

Es gibt Klimazonen auf der Erde, die kein Tauwetter kennen.

Wird ein Schriftsteller, der soundso viele Gedanken von sich gibt, dadurch im Geiste ärmer oder reicher?

Auch künstliche Menschen werden aus Schaffensfreude erschaffen.

Die Welt entfernt sich von uns in immer reizvolleren Metaphern.

Manche Melodien lassen sich nur mit einem Polizeiknüppel dirigieren.

»Das Buch – dein Freund!« – weil es käuflich ist?

Auch die da oben haben ihre Sorgen. »Der Himmel unter uns bewölkt sich«, sagen sie dann.

Es ist nicht leicht, jemanden aus dessen eigener Tiefe zu retten.

Das Züngelein an der Waage wird oft von scharfen Zähnen bewacht.

Aus Saulus wurde Paulus. Schicksal der Apostel und der Juden: ihre Namen zu wechseln.

Jede Religion datiert die Weltschöpfung anders. Bei uns herrschten bis vor kurzem die Bekenner einer Religion, nach der die Welt ihren Anfang 1944 genommen habe.

Er weiß, daß er sündigt, er weiß nur noch nicht, gegen welchen Gott.

Aus einem Spatz, der durchs Feuer ging, wurde ein Phönix.

Anstelle von Adam und Eva hätte ich mir ein Paradies außerhalb des Paradieses geschaffen. Damals war das noch möglich.

Muß denn alles, was reif ist, faul sein?

Worauf warten wir eigentlich? Doch nur auf eine neue Antwort auf die alte Frage: »Kain, wo ist dein Bruder Abel?«

Jeder hat ein Steckenpferd, das seinen Leichenwagen zieht.

Die Imperatoren idealisiert man auf den Bildnissen aus einem einfachen Grund: damit sie im Falle eines Falles nicht so leicht identifiziert werden können.

Auch das Gute hat zwei Seiten. Eine gute und eine böse.

Wessen Brust mit Orden beschwert ist, der kann sich leichter bücken, aber auch schwerer wieder aufrichten.

Sogar eine *zufällig* angeschlagene Taste möchte den Anfang einer Melodie bilden.

Erhebe deine Stimme nicht über deinen Horizont!

Es gibt Gedanken, die nur der einen Sprache eigen sind.

Würdevoll auf- oder abzusteigen ist leicht. Schwer ist es, auf einer Geraden gleichmäßig stolz weiterzugehen.

Der Henker tritt meist mit einer Maske auf. Der der Gerechtigkeit.

Begehe kollektive Fehler!

Mit seinem ersten Wort hat der Mensch das Urteil gegen sich gesprochen.

Die Kunst ist ganz bestimmt überflüssig! Ich weiß sogar, für wen.

Wer kein Verbrechen begeht, ist für die Gerechtigkeit uninteressant.

Ich bange, daß der letzte Schrei der Technik nicht zugleich der letzte der Menschheit werde.

Ihr wundert euch, daß wir ausgerechnet in dieser und in keiner anderen Zeit leben? Wir sind ihr Produkt. Eine andere hätte uns nicht geboren beziehungsweise nicht angenommen.

Jeder Verwaltungsbeamte sollte eine gewisse Zeit im Zensuramt arbeiten. So käme die Kunst unter das Volk.

Ein Staat, aus dem die Bürger nicht herauskönnen, hat wohl keinen Ausweg.

Wer maßlos ist, hält sich für den Größten.

Was nutzt ein Knebel, den man verdauen kann?

Tyrannen haben nichts gegen die Verbrechen anderer Tyrannen einzuwenden. Nur gegen ihre Wahl der Opfer.

Das Beispiel von Sodom und Gomorrha lehrt, daß man die Ausschweifung nicht zentralisieren darf, sondern gleichmäßig verteilen muß.

Es ist nicht einfach, mit Zwergen erhobenen Hauptes zu verkehren.

Der Kult verwandelt den Menschen in einen Gegenstand.

Ein im Kontext idiotischer Satz kann exponiert sehr imposant sein.

Aus gebotener Sparsamkeit leisten wir uns einen billigen Optimismus.

Ein Gedanke war mir entlaufen. Als ich ihn jagte, merkte ich, daß es außer mir noch jemand tat. Ich lief also, so schnell ich konnte, um den flüchtigen noch vor dem Zensor zu fassen.

Der Schnupfen kommt erst nach der Sintflut.

Ich kannte ein Liebespaar, das an Schizophrenie litt. Sie hintergingen sich gegenseitig miteinander.

Die Zähne wachsen mit dem Appetit.

Totalitarismus macht einsam.

Nicht überall, wo das Fleisch teuer wird, steigt auch der Wert des Menschen.

In jeder Epoche fallen die gleichen Worte, aber andere Köpfe.

Das Gewissen des Volkes steckt nicht unbedingt im Kopf des Staates.

Auch die Technik wird sich ihre Mythologie zu erfinden wissen.

Um das eigene Glück ertragen zu können, muß man das fremde Unglück tragen können.

Am leichtesten fällt die Einmütigkeit denen, die sowieso nur einen Mut haben: den Kleinmut.

Das Vergöttern des Menschen hat zur Vermenschlichung Gottes geführt.

Die Ägypter haben alles im Profil gezeichnet – aus Antisemitismus?

Den Kakteen fliegen ungewollt herrliche Kollektionen von Schmetterlingen zu.

Der Mensch ist das Werk der Literatur (die ihn künstlich von der Tierwelt isoliert hat).

Mißtrauisch betrachte ich die Devotionalienhersteller, die eine Christusfigur nach der anderen ans Kreuz schlagen.

Die Realisten haben die Autorenrechte des Demiurgen zu beachten.

Die traditionelle Syntax wehrt sich oft gegen einen neuen Gedanken. Dann bleibt dir nichts anderes übrig, als ihre Polizeivorschrift nicht zu respektieren.

Interessant, daß diejenigen, die die anderen ihres Gewissens berauben, danach selber immer noch keines haben.

Gipfel der Komik: wenn ein Kopfloser kopfsteht.

Leider ist man gezwungen, im Kampf um die höchsten geistigen Güter an die niedrigsten irdischen Instinkte zu appellieren.

Die Maschinen haben eine unsichere Zukunft. Der mechanisierte Mensch könnte sie verdrängen.

Das Leben zwingt uns oft, unser Drama vor der Kulisse einer Farce zu spielen.

A propos Descartes: Wie ich denke, so bin ich.

Ob die Gänse die Schönheit des Fuchses sehen?

Ein guter Gärtner erkennt die Blume an ihrem Preis.

Vielen stünde eine Tarnkappe gut zu Gesicht.

Ich führe ein Tagebuch der Gedanken und ein Tagebuch des Lebens. Wie bringe ich beides in Einklang?

Engagierte Zeitgenossen denken nicht an das Morgen.

Widersetzt euch nicht dem Bösen – auf dessen Wunsch.

Manche Poeten stört es, daß das Wort auch noch eine Bedeutung haben soll.

Ich weiß, daß ich nicht wohlerzogen bin. Ich denke laut.

Er kam zu Wort, noch bevor es da war.

Präzises Denken ist eine Einschränkung der schöpferischen Freiheit.

Außer der Kunst der Übertragung aus einer Sprache in die andere gibt es die Kunst der Übersetzung aus einer Zeit in die andere.

Wo Glaube oder Ideen herrschen, hausen die Menschen in Höhlen.

Wer die Freiheit poetisiert, macht aus ihr eine Sache der Phantasie.

Jedes Wort ist Gedanke – was man von den Sätzen nicht behaupten kann.

Leicht verständliche Werke sind oft gerade deshalb mißverständlich.

Sagt nicht, die Freiheit sei unser höchstes Gut. Sie sind imstande, sie unter Verschluß zu nehmen.

Gipfel und Täler bekommen Kontakt erst durch das Erdbeben.

Ob das Problem der Macht einzig und allein nur ein Problem der Macht ist?

Selten ist der Geist einer Epoche zu sehen, dafür öfter ihre Leiche.

Die Kunst hat den gesellschaftlichen Auftrag, zu liefern und nicht zu empfangen.

Wie kann man nur ein professioneller Satiriker sein, entrüsten sich die professionellen Enthusiasten.

Ob sich ein Mensch ohne Phantasie die Wirklichkeit vorstellen kann?

»Die Religion ist Opium für das Volk« – nur, wenn sie verboten ist.

Zufällig hatte der Stiefel des Siegers dem Besiegten gehört.

Es ist eine Kunst, sie zu definieren.

Für Menschenkinder, die mit Lügen aufgezogen wurden, ist die Wahrheit ein Krankheitserreger.

Und doch hat die Feigheit den Mut zu existieren!

O diese lächerliche Lustigkeit!

Die Wissenschaft hat unsere falschen Vorstellungen bestätigt.

Am Gewissen der Henker sollte man nicht rütteln; man könnte ihre Gewissenhaftigkeit reizen.

Konfrontationen mit der Vergangenheit sind schwierig. Eine Seite muß immer unter Anklage stehen.

Wer sich entblößt, fühlt sich nicht in der eigenen Haut.

Die meisten Schriftsteller sind Autobiographen, die allerdings ein Leben erzählen, das sie nie gelebt haben.

Ich habe Angst, daß mir meine Gedanken von den Augen abgelesen werden könnten.

Der Fortschritt der Medizin wird uns das Ende jener liberalen Zeit bescheren, da der Mensch noch sterben konnte, wann er wollte.

Darf man aus einer Mücke einen Elefanten machen? Natürlich. Nur ist es unzweckmäßig, sie im Elefantenkäfig gefangenzuhalten.

Paß auf. Auf der Suche nach Spuren hinterläßt du welche.

Schreibe so, daß du witzig bleibst, selbst wenn man dich falsch verstanden haben sollte.

»Frei wie ein Vogel« sein? – und sein Leben lang nur die eine, amtlich zugeteilte Melodie pfeifen?

Die Revision der Geschichte beweist, daß alles so war, wie es war.

Halte dich stets an Konkretes; daraus läßt sich viel leichter eine Fiktion ableiten als umgekehrt.

Das Heldentum ist oft nur eine Folge der Kurzsichtigkeit.

Alles unterliegt der Mode: In jeder Epoche sterben die Menschen anders.

Kann man aus dem Körperbau des Menschen schließen, wozu er eigentlich erschaffen wurde?

Willst du die Lüge sehen, blicke der Wahrheit ins Auge.

Leitsterne haften häufig an Kragen oder Schulterstücken.

Nicht alle Gedanken passieren das Gehirn, manche lediglich die Zensur.

Einem Genie verzeiht man vieles. Nach seiner Hinrichtung.

Den Himmel auf Erden finden bedeutet, den Boden unter den Füßen verlieren.

Manchmal packt mich die Angst, ich wäre bereits im Paradies.

Das Kreuz ist hervorragend geeignet, die Größe sogleich in der Länge wie in der Breite zu ermessen.

Der Preis der Freiheit sinkt, sobald die Nachfrage steigt.

Verschiedene Würden sind wie Krankheiten: entweder erblich oder ansteckend.

Wahres Glück ist grenzenlos – also niemals an einen Staat gebunden.

Sie lassen sich kneten wie Wachs, aber sie nehmen keine Form an.

Nicht alles, was wirklich ist, ist wahr. Zum Beispiel die Lüge.

Einen Staat beurteilt man nach seiner Urteilsprechung.

In der Gefangenschaft *muß* man leben. In der Freiheit *kann* man leben.

Traurige Zeiten, wo sich die Epistolographie einzig und allein auf Steckbriefe beschränkt.

Auch das Pendel geht mit der Zeit.

Erstes Anzeichen für den Tod ist die Geburt.

Die Null an sich ist noch nichts Negatives.

Das Leben ist jene Summe von Augenblicken, die Stetigkeit vortäuscht.

Wer seine Nase in fremde Angelegenheiten steckt, sollte moralischen Schnupfen bekommen.

Aus Bäumen, die früher zu Scheiterhaufen gestapelt wurden, macht man heute Papier.

Am reinsten ist der Glaube an eine nicht vorhandene Gottheit.

Der Bürger kann ohne die Kunst leben, der Zensor nicht.

Nicht jeder Frage folgt eine Antwort; aber die Verantwortung immer.

Sein Schädel ist so voll von Belesenheit, daß eigene Gedanken dort keinen Platz mehr haben.

Warum sollte ein Eremit seine Einsamkeit nicht beklagen dürfen?

Geduld, die Vergangenheit hat noch Zukunft.

Wir leben im Zeitalter des gespaltenen Atoms!

Wie mein Weltbild aussieht? Eigentlich anders.

Je finsterer die Nacht, um so leichter ist man ein Stern.

Lebenskünstler leben von den Zinsen eines nicht vorhandenen Kapitals.

Auch der Geist hat sein Sexualleben – mit allen Entartungen natürlich.

Rette das Ziel, triff daneben!

Was sich aufbläht, muß – von Natur aus – flach sein.

Leider verliert der Tod seinen Einzelcharakter. Überall wächst seine Vermassung.

Ein Blitz aus heiterem Himmel – wäre der rechte Tod für einen Optimisten.

Es gibt Menschen vulkanischer Herkunft. Die Tiefe schleudert sie zum Gipfel hinaus und läßt sie dort sogleich erstarren.

Steht einem nackten König überhaupt eine Krone zu?

Trojanische Pferde haben ihre Helden sonstwo stecken.

Ich höre die Zwischenrufe zwischen der einen Stille und der andern.

Das Menschenleben verliert immer mehr von seinem Format; die sich breitmachenden Kommentare beengen und verdrängen es.

Wer weiß, wie viele Wörter Gott probiert hat, bevor er das eine fand, durch das die Welt erschaffen wurde.

»Säge nicht am Ast, auf dem du sitzt« ist ein kapitaler Beweis zugunsten Darwins.

Jede präzise Definition der Welt muß ein Paradox sein.

Und wenn wir unsere Speisen änderten? Statt der zahmen und sanften Tiere – die Bestien fräßen?

Das Echo des Schweigens ist unüberhörbar.

Eine Tiefe, die sofort sichtbar ist, muß flach sein.

Sparsam mit Worten ist ein Dichter, der nur die eigenen benutzt.

Nach langen Jahren emsigen Studierens gelang es ihm, sein Unwissen unter den dicken Schichten des Wissens zu verstecken.

Manchmal stehen die Menschen kopf, weil sie sich einbilden, sie hätten somit ihre geographische Lage geändert.

Ach, Aladins Wunderlampe besitzen, um sich bei Gefahr eine Dunkelheit herbeizaubern zu können!

Niemand ist Prophet im eigenen Lande. Wenn das Land aber fremde Besatzer hat?

Thema für eine Doktorarbeit: Humanitäre Entwicklungstendenzen in den Methoden der Tötung politischer Gegner.

Und wären alle Zugänge von Spitzeln umstellt, die Gedanken suchen uns dennoch heim.

In jeder Epoche gibt es Künstler und Banausen. Die Qualität der Kunst hängt vom Niveau der letzten ab.

Der Feind kann im Rücken, links oder rechts sein, der Gegner steht immer vorn.

Jede Tiefe riecht nach Untergrund.

Wer nicht überzeugen kann, muß wenigstens überleben. Danach darf der andere sogar recht behalten.

Sie warfen ihm eine Aureole über den Kopf – und fingen ihn damit ein.

Freiheit! – sie suchen zu dürfen!

Die Welt wird weitläufiger – auf Kosten des Himmels oder der Hölle?

Klärt eure Kinder auf, damit sie später nicht aus dem Paradies vertrieben werden können.

Selten siegt in einer Corrida der Stier: ihm fehlt der ökonomische Anreiz.

Totalitarismus: politisches Toto-Spiel.

Weshalb ich viel denke? Um an vieles nicht zu denken.

Kaum zu glauben, daß die Gesamtheit ihre Einzelteile nicht kennt.

Der Schatten, den ich werfe, hängt von meiner Position ab.

Es gibt keine ewigen Wahrheiten. Ewige Lügen schon.

Ginge doch mutiges Denken mutigen Taten voraus!

Die Flöhe bleiben bei ihrem Löwen im Käfig freiwillig.

Tränen löschen einen Scheiterhaufen nicht.

Der Imperativ lautet: »Sei stolz!« Aber dir bleibt die Wahl – worauf.

Selten stimmt der Rhythmus der Zeit mit unseren Herzschlägen überein.

Nicht jeder Pegasus ist ein Hengst.

Spitzel sind keine Egozentriker.

Die Themen des Schweigens sind unerschöpflich.

Wer glaubt schon an Wunder? Doch alle warten darauf.

Der Überbau schließt den Abbau nicht aus. Was aber tun mit der Basis?

Sein Instrument war das Sexophon.

Was setzt die Anziehungskraft außer Kraft? Die Gewöhnung.

Es ist leichter, logisch zu überdauern als biologisch.

Wer gar nichts hat, hat alles satt.

Auch wenn die Brücke bricht, bestehen die Ufer weiter.

Am geschwätzigsten sind die Pantomimen.

Vor dem Recht sind alle gleich. Aber nicht vor den Rechtssprechern.

Es kommt vor, daß du auf der Spur deiner früheren Gedanken auf die Aufschrift »Entmint« stößt.

Auch der Fußtritt von einem tönernen Bein kränkt.

Suche keinen Widerhall, wenn du ihm nichts anzuvertrauen hast.

Die Tatsache, daß wir uns immer wieder belügen lassen können, stimmt optimistisch.

Die Kunstwissenschaftler erinnern oft an jene, die zwar die chemische Zusammensetzung des Geruches kennen, aber den Reiz des Duftes nicht empfinden.

Satiriker! Bekämpfen wir die Vorurteile von morgen!

Das Happy-End der Menschheit ist noch gar nichts. Was aber kommt danach?

Es gibt Dornenkronen ehrenhalber – mit Dornen nur von außen.

Die Wortkünstler möchten begreiflicherweise das Wort zu einer solchen Perfektion entwickeln, daß es jegliche Bedeutung verliert.

Die Größe eines Volkes erkennt man daran, daß es in seinen gerechten Grenzen Platz hat.

Professionelle Betrüger verkaufen die Wahrheit als Lüge.

Christus hatte zunächst nicht an das Kreuz geglaubt, an das man ihn später geschlagen hat.

Wer war eigentlich Kultusminister zur Zeit Shakespeares?

Jeder Geist hat auch einen Körper. Aber nicht jeder macht davon Gebrauch.

Ein gewandter Fischer sichert sich die Mitarbeit der Fische.

Längst sind wir nicht mehr aus Lehm, aber immer noch knetbar.

Vielleicht werden die Epochen einmal nach der Art ihres Untergangs bezeichnet?

Erscheinungen verschwinden. Glossen bleiben.

Auch leere Galgen verraten, daß etwas in der Luft hängt.

Die offizielle Pflichtsprache ist der beste Knebel.

Orientierungshilfe für Wahrheitssucher: Die Wahrheit ist grausam.

Die Alten waren glücklich; ihnen war noch erlaubt, ihre Tragödien niederzuschreiben.

Die Welt schreitet zum Besseren. Aber wohin schreitet das Bessere?

Wissen Floh und Elefant von ihrer gegenseitigen Existenz?

Und vielleicht haben wir unsere Zukunft schon hinter uns?

Meine größte Seinsfrage ist, warum ich ausgerechnet für diese Jahre eingeplant worden bin, wo doch die ganze Ewigkeit zur Verfügung stand.

Planlosigkeit erleichtert Koordination.

Die Parodien einer Schmiere sind häufig ein Meisterwerk, die Parodien von Meisterwerken selten.

Zum Glück kann sich der Mensch selbst nur von außen belauschen.

Es ist kein Kunststück, Phönix aus fremder Asche zu sein.

Niemand lügt in der Kunst mehr als die Realisten.

Angeblich fördert der Mangel an Phantasie den Wirklichkeitssinn.

Auch Kochbücher sollten der Zensur unterliegen.

Die Erbsünde führte immerhin – durch den Zuwachs der Gläubigen – zu Gottes wachsendem Ruhm.

Sklaven sind Mitbegründer der Tyrannei.

Ich weiß nicht, wer die Welt erschaffen hat, ich weiß, wer sie vernichten wird.

Nur die Zeiten ändern sich. Die Zeit bleibt dieselbe.

Zu den Glücklichen Inseln gelangt man durch das Meer der Mittelmäßigkeit.

Irgendwann war die Freiheit eine Utopie. Heute ist sie nicht einmal Wirklichkeit.

Ob die Vergangenheit sich an uns erinnert?

Bruderschaften, die mit Schierling begossen werden, haben die Chance, lebenslänglich zu währen.

Die meisten Dramen enden anders, als es im Text stand.

Die Flachen haben mehr Platz in der Welt.

Literatur muß man kreieren, nicht sozrealisieren.

Bestimmte Wirtschaftstheorien leiden an Freudschem Mehrwertkomplex.

Ein Reh ohne Scheu ist ohne Anmut.

Der Weg zum Ziel ist der gefährlichste. Er ist die Flugbahn aller Geschosse.

Ein Plagiator ist selbstverständlich niemals ein Plagiator. Er schafft ja etwas anderes, als es das Original ist.

Noch ist es der Menschheit nicht gelungen, künstlich einen »Homunkulus« herzustellen, und schon probiert sie es mit einem »Kommunkulus«.

Das meiste über das Leben der Vorzeit erfahren wir von den Friedhöfen.

Moderne Variante des Analphabetentums: Schreiben können alle, aber nicht alle dürfen es.

Jugend ist keine Dauerbeschäftigung.

Er war ein Routinier der Originalität.

Für viele Waren gibt es jetzt Plastikverpackung; das Menschenfleisch aber wird immer noch in Zeitungspapier verpackt verkauft.

Ist der Aphorismus ein Urteil? Ja, entweder für oder gegen seinen Autor.

Kaum sind die Priester mit ihrem Märchen vom Paradies am Ende, schon fangen die Marxisten damit wieder von vorn an.

In bestimmten Ländern hätten die *Kopf*jäger keine leichte Aufgabe.

Und der arme Hitler dachte, der Antisemitismus wäre allein Sache des Nationalsozialismus.

Lügen haben kurze Beine, deshalb werden wir sie nicht so bald los.

Warschau ist eine Stadt ausschließlich für Hochbegabte. Ohne die höchste Begabung zum Beispiel, eine Wohnung zu bekommen, könnte hier niemand leben.

Die Versorgung mit Lebensmitteln gehört zu den ersten Pflichten der Stadtväter. Zu den Hauptnahrungsmitteln eines Warschauers gehört der Witz.

Es gibt Menschen, in deren Gesellschaft mir überhaupt kein Gedanke in den Sinn kommt.

Die Illusionisten sollten zumindest den Status einer politischen Partei bekommen.

Vielleicht wird es später einmal Lebewesen geben, die auch nicht werden glauben wollen, daß sie von Menschen abstammen?

Ob das Nichttolerieren der Intoleranz von Toleranz zeugt?

Der Geist der Verstorbenen spukt gespenstisch im Fortleben ihrer Witwen.

Wie schade, daß Freud das politische Unterbewußtsein nicht erforscht hat.

Jeder vergessene Spiegel träumt von einem Gesicht – und sei es das dümmste.

Berechenbar sind nur die geometrischen Figuren.

Die Aufgabe, Legenden zu erfinden, übernahm vom Volksmund die öffentliche Hand.

Der Anker ist das Symbol der Hoffnung. An der Kette.

Je mehr goldene Uhren ein Mensch besitzt, über desto mehr Zeit verfügt er.

Nichts vergeht ohne Echo. Nicht einmal die Stille.

Schlimmer als der Persönlichkeitskult ist der Kult einer Null.

Der sozialistische Realismus hindert uns daran, an den realen Sozialismus zu glauben.

»Proletarier aller Länder vereinigt euch!« Ich bitte gehorsamst fragen zu dürfen – wozu?

Manche Autoren wirken, als hätten sie nur deshalb zu schreiben begonnen, weil sie nichts zu sagen hatten.

Die Überschallgeschwindigkeit wird den Menschen helfen, der schlechten Musik zu entkommen.

Die »Schutzhaft« ist eine Erfindung der Nazis. Sie warfen die Juden ins Gefängnis und gaben vor, sie vor dem Volkszorn schützen zu müssen. Genauso werden wir vor den Faschisten geschützt.

Merke, nach jedem Punkt beginnt das Erschaffen der Welt von neuem.

Die Kultur ist heute unter das Volk gegangen. Wann kommt sie wieder?

Die Aufrichtigkeit bei der Beichte ist nie uneigennützig.

Auch Schweigen setzt künstlerische Begabung voraus.

Gib acht bei der Wahl deiner Träume. Manchmal gehen Träume nämlich in Erfüllung.

Die Tage seines Ruhms, des bin ich sicher, sind gezählt.

Es wäre doch denkbar, daß Gott von einem Satiriker ein witziges Gebet erwartet.

Zwischen Scylla und Charybdis mußt du dich noch – vor allem – vor dir selber hüten.

Die Seele ist unsterblich. Leider nicht in uns, sondern außerhalb.

Eine schöne Frau muß nicht unbedingt klug sein. Der Einfall ihrer Schönheit ist Klugheit genug.

Die einen behaupten, er befinde sich auf der Höhe seiner Karriere, die anderen – am Boden. Beide Seiten haben recht. Bei dieser Platitüde unterscheidet sich das eine vom anderen überhaupt nicht.

Alles rast seiner Vollendung entgegen – auch das Böse.

Das Privateigentum ist inzwischen so weit aufgehoben, daß sich der Mensch nicht mehr in der eigenen Haut fühlt.

Gipfel des Humors: Ein Pessimist bringt einen anderen Pessimisten zum Lachen.

Es wäre nicht übel, wenn in manchen Staaten die Regierungsform ein Staatsgeheimnis bliebe.

Auch ein Gedanke kann – auf den Wink der Obrigkeit – seine Richtung ändern.

Panta rhei – allerdings in wie widerlichem Kompost!

Ob die Ewigkeit eine Pointe haben wird?

Wenn ihr wüßtet, wie schwer es ist, an nichts zu denken!

Das Band der Sympathie kann, wenn es sich versteift, zum Gängelband werden.

Zeitungsenten legen zuweilen goldene Eier.

Allah hat hundert Namen. Wer gebraucht sie alle?

Angeblich soll es Ehefrauen geben, die das männliche Geschlecht nur aus der Schulgrammatik kennen.

Die Wahrheit über das Leben könnte in Wahrheit nur ein Toter niederschreiben.

In jeder Epoche fallen die gleichen Wörter – aber andere Wortführer.

»Sie untergraben die Staatsform«, schrie mich ein Staatsdiener an. »Merken Sie das an mir oder an der Staatsform«, fragte ich aus Neugier.

Das wäre ja grausam, wenn wir uns auch noch um das Nichtsein sorgen sollten.

Es gibt keine Volkskunst, nur eine Kunst von Leuten, die nicht wissen, was Copyright bedeutet.

Eigenliebe endet nicht selten mit Verrat.

Zu leben – ist banal. Zu sterben – genauso. Die Gegenwart erfand deshalb etwas Drittes.

Auch Massen können der Einsamkeit verfallen.

Die Unkenntnis der Strafe hindert manche ambitionierte Persönlichkeit am Verbrechen.

Die meisten Maulkorbträger sind davon überzeugt, sie trügen Visiere.

Einen Fortschritt bringt uns die Entdeckung des Weltraums ganz sicher: Auf dem Monde wiegen die Handschellen leichter.

Während des Tanzes denken die Beine an die Melodie, die Hände nicht unbedingt.

Ich hatte den Glauben an das Wort verloren. Die Zensur gab ihn mir wieder.

Abstraktion hin, Abstraktion her, aber wenigstens der Maler bleibe ein Konkretum.

Wer an den Schutzengel glaubt, sollte den anderen erlauben, an den Schutzteufel zu glauben.

Wie die Zwerge wachsen? Ringsum.

In häretischen Zeiten herrschen höhere Temperaturen. Dank der Scheiterhaufen.

Jede höhere Sprosse einer Leiter kann zum Galgen führen.

Du findest es erotisch? Ich skl-erotisch.

Die Wörter vermehren sich wie Kaninchen und fressen uns das ganze schöne Grün der Welt auf.

Hätte es Sinn, einen Staat aufzubauen, der meine drei Wörter fürchtet?

Wer politisch weitsichtig ist, kann sich bereits beim ersten Schritt das Genick brechen.

Es ist etwas anderes, seine Meinung zu sagen, und etwas anderes, sich zu zitieren.

Sagt jemand: »Dort herrschen unnormale Verhältnisse«, weiß ich immer noch nicht, ob in plus oder in minus.

Das Fragezeichen bezieht sich auch auf den Frager.

Es gibt welche, denen sogar im Stacheldraht Rosen blühen.

Hätte der Mensch seine alten Hauer und Klauen behalten, könnte er heute auf die Atombombe verzichten.

Er verurteilte sich zum Verlust der Bürgerpflichten.

Nackte Vernunft trägt das Feigenblatt dort, wo das Herz schlägt.

Jede Nationalküche serviert die Wahrheit anders zubereitet.

Durch Wortvergeudung verarmt das Volksvermögen – die Sprache.

Wenn die Bürger sagen: »Wir haben alles satt«, sagen sie das zum Zeichen des Wohlstands?

Es gibt Zeiten, in denen der Mensch sehr leicht auf den Hund kommt. Der eine abwärts, der andere aufwärts.

Am besten läßt sich die Planwirtschaft in einem Staat praktizieren, der die Sterbetermine seiner Bürger kennt.

Das Verbrechen wächst seltsam. Die Wurzeln stecken meist hoch oben und die Früchte tief unter der Erde.

Ein gutes Beispiel erkennt man daran, daß es nicht ansteckend ist.

Alle, die einen großen »Glauben an den Menschen« besitzen, schenken diesem kein Fünkchen Vertrauen.

Angst ist ängstlich, deshalb hängt sie sich auch gern an Staatsorgane.

Wie haltbar die Losungen auf den Standarten sind, erweist die große Wäsche.

Hunde werden gern nach den Helden, die vor 2000 Jahren gelebt haben, benannt. Es läßt sich leicht voraussagen, welche Hundenamen in zweitausend Jahren gängig sein werden.

Nicht überall, wo nicht unter den Brücken geschlafen wird, ist das Wohnungsproblem gelöst. Es kann auch sein, daß alle Brücken zu Militärobjekten erklärt worden sind.

Jede Staatsform braucht ihre geheimen Räte.

Schriftsteller fliehen nicht vor der Wirklichkeit; es sei denn, sie verfolgt sie.

Die Herausforderung will herausgefordert werden.

Seltsames Theater, in dem die Akteure auf dem Podium sich selber Beifall klatschen.

Trotz immer schnellerer Verkehrsmittel kommen wir immer langsamer zu unseren Zielen.

Mancher Einfluß entpuppt sich als gewöhnlicher Druck.

Den einen war das, was über seinem Kahlkopf leuchtete, eine Aureole, den anderen eine blanke Null.

Versuche deine Niederlagen zu besiegen. Dieser Sieg ist der schwerste.

Unerforscht sind die Proportionen zwischen der grauen Hirnmasse und der grauen Masse schlechthin.

Am schwersten haben es die, die das Transparent tragen.

Trauriges Begräbnis – wenn sich die Leiche des Dichters selber ins ärmliche Brachland seiner Sprachlosigkeit zu Grabe trägt.

Ein Gleichheitszeichen ist wie ein Schienenstrang. Auch er kann in die Katastrophe führen.

Manchmal scheint mir, das göttliche System gleiche dem der englischen Monarchie: Gott herrscht, aber er regiert nicht.

Leichter läßt sich das Gedankenniveau der anderen beeinflussen als das eigene.

Ich ängstige mich um die Heiligen. Die Gläubigen könnten sie zu Reliquien zerstückeln.

Ob Zahlen, die miteinander addiert werden, nicht mehr zählen?

Es ist nicht ausgeschlossen, zwischen dem einen Gedanken und dem anderen – glücklich zu sein.

Ein neuer Besen kehrt sich allmählich selbst zunichte.

Natürlich könnte ich es auch einfach sagen. Nur bekäme ich dafür kein Honorar.

Die Tatsache, daß jemand Satiren schreibt, genügt, um ihn als einen Optimisten zu entlarven.

Wortlawinen rollen gewöhnlich von den Bergen der Dummheit.

Gefühl oder Gedanke? Zu fühlen, daß man denkt, zu denken, daß man fühlt?

Höre auf deine innere Stimme, auch wenn sie von außen kommt.

Das häßliche Entlein entwickelte sich zu einem herrlichen Schwan – und wurde unverdaulich.

Die Einbildungskraft kann alles, nur eins nicht: sich selbst ernähren.

Wer den Himmel auf Erden sucht, hat im Erdkundeunterricht geschlafen.

Korrektur: Das Sein bestimme das *eigene* Bewußtsein.

Die Inventur der Natur brächte zutage, daß die soziale Ungleichheit in dieser Welt auch ihren Zauber ausmacht.

Die Geschwindigkeit der Geschichte wird nach der Zahl der Henkersknoten pro Stunde gemessen.

Und vielleicht leben die Tiere im Zoo in der Überzeugung ihrer gesicherten Freiheit? Der Käfig schütze sie vor den Menschen (was eigentlich wahr ist)?

»Die Partei hat immer recht.« Ja, aber immer eine andere.

Leben einige Tote in uns nicht über ihre Verhältnisse fort?

Ist es nicht denkbar, daß es – parallel zur idée fixe – eine fixe Ideologie gibt?

»Er starb eines natürlichen Todes« ist als Nachricht unpräzis. Man sollte hinzufügen – im Sinne welcher Zeit.

Niemand vermag größer zu sein als seine Zeit. Der Rest ragt in die Zukunft hinaus.

Es gibt Autoren, die den gähnenden Abgrund ihrer Leser für die eigene Tiefe halten.

Wer die Wahrheit in kunstvollen Maximen anzuhören nicht bereit ist, wird sie auf eine weniger erlesene Art erfahren.

Die Tinte ist ein Zündstoff.

Sich seiner selbst sicher zu sein ist viel, sich der anderen sicher zu sein ist mehr.

Graphomanen sind zu allem fähig – ausgenommen zum Schreiben.

Und das soll die wahre Jugend von heute sein? Siehst du nicht, wie sie von Stunde zu Stunde altert?

Einem Charakter fällt Leichtsinn schwer.

Tugenden? Jahrmarkt der Eitelkeiten.

Ist es ganz sicher, daß ein Personalausweis immer eine Person ausweist?

Der Gerechtigkeitssinn sollte bei Richtern des Amtsgerichts und des Obersten Gerichts gleich sein.

Jeder Provocateur ist pro.

In welchem Verwandtschaftsgrad stehen wir eigentlich zu uns selbst?

Naive Geographen behaupten, wer in Richtung Westen ginge, der käme nach einer gewissen Zeit aus dem Osten zurück, und wer nach dem Osten ginge, aus dem Westen. Manchmal ist es so, manchmal aber nicht.

Der Humor in der Presse ist naturgemäß flach.

Die Archäologie hat eine kolossale Zukunft! – Ist das nicht schrecklich?

Ein zum zehnten Male genossenes Gift kann nicht schädlich sein.

Die Zukunft gehört der Jugend – sobald diese alt ist.

Manche Märchen sind so blutrünstig, daß sie dadurch schon wieder keine mehr sind.

Was man nicht einfach sagen darf, darf man auch nicht einfach verschweigen.

Am Ende wird alles Pantomime. Nur die Gesten bleiben.

Prophetenträume hat man nur mit sehr weit offenen Augen.

Du hast noch alles vor dir – machten sie mir Mut. Weniger wäre mir lieber.

Die Zeit ist eigen willig.

Ich sah mir den Punkt über dem i genauer an. Es war ein Einschuß.

Seine Zunge war so scharf, daß sie jede Wahrheit verletzte.

Zwölftes Gebot: Du sollst die Staatsform deines Nachbarn nicht begehren.

Wo ist das Wörterbuch der jeweils offiziellen Sprache zu haben?

Jede Autobiographie, die wir schreiben, ist wahr. Wir erleben sie, während wir sie schreiben.

Die minderwertigsten Menschen verkaufen sich zu den höchsten Preisen.

Wozu die Wahrheit erforschen. Ist's nicht genug, daß wir sie erleben?

Die Hauptform des Konsums ist die Erwartung.

Niemand kann mich von meinem Tod überzeugen.

Merke: Kürzungen verlängern das Leben.

Was unvorstellbar ist – ist sichtbar.

Das »Nichts« muß doch irgendwo beginnen und irgendwo enden. Also ist es ein »Etwas«.

Was ich sagen wollte? Wenn ich es gekonnt hätte, müßtet ihr mich nicht danach fragen.

Sage mir, worüber ein Volk lacht, und ich sage dir, wofür es sein Blut zu vergießen bereit ist.

Was sind Menschen mehr als ein Mittelding zwischen der göttlichen Seele und dem tierischen Körper?

Tyrannen fürchten das Wort, nicht die Wörter.

Ob mir auch ein unfrisiertes Schweigen gelänge?

Wahre Satire verletzt nicht – sie tötet.

Nachwort

Lec und seine Gedanken

Das 20. Jahrhundert begann in Polen turbulent, aber nicht sehr rosig. Das Fin-de-siècle hüllte das Land in neue Trauer und Untergangsstimmung. Polen war immer noch unfrei – seit über einem Jahrhundert schon – unter drei Mächte geteilt, die unterschiedliche Interessen durchzusetzen suchten und unterschiedlich das Volk unterdrückten, jede auf ihre unangenehme Weise. Die Polen hatten den – zum wievielten Male schon! – mißlungenen Aufstand von 1863 immer noch nicht verwunden. Sie waren gerade dabei, den schwachen Trost des wenig erfolgreichen Positivismus mit seinem hochgekommenen Spießbürgertum mit dem Bade des Modernismus, Pessimismus, Hedonismus auszuschütten. Die Revolution von 1905 hatte Hoffnungen, sogar »Träume von der Macht« (bei den Dichtern) geweckt, sie aber nicht erfüllen können. Über dem Land lagen Asche und Rauch des Mißlingens. Es gab in dem unzumutbaren permanenten Unheil-Zustand zwischen Revolution und Krieg sehr viel zu fürchten und zu verspotten, doch eigentlich nichts zu lachen.

»Wenn es nichts zu lachen gibt, kommen Satiriker auf die Welt.« St. J. Lec wurde am 6. März 1909 in Lemberg geboren. Die Familie Letz (so die Schreibweise in den k. u. k. Urkunden) war in Czortków in Galizien ansässig; als 1914 die Russen nach Ostgalizien kamen, flüchtete sie nach Wien. Der Vater, Benno Letz de Tusch, war Bankdirektor, die Mutter Adele eine Tochter des Grundbesitzers Jan de Safrin. Die Familie soll von den Sephardim abstammen, die in ihrer heiligen Stadt nördlich des Sees Genezareth eine berühmte Rabbinerschule unterhielten und über die Diaspora in Spanien als Vertriebene nach Holland, dann an den Rhein und weiter in den slawischen Osten kamen.

Von 1927 bis 1933 studierte Lec in Lemberg Polonistik und Jura (magister iuris) und ging dann nach Warschau, wo er rasch als Lyriker und Satiriker bekannt wurde und Zugang zu den führenden Blättern bekam. Er war in den »Nadeln« (Szpilki) und den »Signalen« (Sygnały) zu lesen, im Organ der linken Künstler »Lewar« und im »Linken Gleis« (Lewy Tor), im »Skamander« und im »Schwarz auf Weiß« (Czarno na Białym) vertreten.

Sein erster Gedichtband, »Farben«, erschien 1933 in Lemberg und kennzeichnet die Vielfalt, aber auch die Unsicherheit seiner ersten artistischen Versuche. Sie reichten vom russischen Imaginismus über den italienischen Futurismus bis zum deutschen Expressionismus. Ähnlich bunt war auch die zweite Publikation, »Zoo«, 1935, deren Gedichte noch bombastischen Charakter und agitatorischen Duktus hatten. Sein drittes Buch, »Pathetische Satiren«, Warschau 1936, mit einem Mephistopheles-Zitat aus Goethes »Faust« als Motto, war eine genaue Bezeichnung des Paradoxons, das den Autor und Menschen Lec ausmachte und dessen sich der Autor und Mensch Lec genau bewußt war, als er schrieb, die Satire habe auszugraben, was das Pathos zugeschüttet hat.

Nach Ausbruch des Krieges ging Lec wieder nach Lemberg. Beim Einmarsch der deutschen Truppen 1941 wurde er verhaftet und ins Konzentrationslager Tarnopol gebracht. Zweimal entging er glücklich einer Erschießung, das zweite Mal kurz vor der Auflösung des Lagers, 1943, als er sich zusammen mit einer Gruppe von Gefangenen deutsche Uniformen verschaffen konnte. Er überlebte den Krieg als Partisan und Redakteur konspirativer Soldatenzeitungen.

1945 wirkte Lec bei der Neugründung der satirischen Zeitschrift »Nadeln« (Szpilki) mit, 1946 gab er den Gedichtband »Feldnotizbuch« und die Satiren »Spaziergang eines Zynikers« heraus, 1949 schickte ihn die Volksrepublik Polen als Presseattaché nach Wien. Als er 1950 seinen Posten in Wien aufgeben sollte, verbannte er sich freiwillig nach Israel, hielt jedoch die Belastungen der neuen Umwelt nur bis 1952 aus und kehrte, heimwehkrank, nach Warschau zurück. Inzwischen waren zwei weitere Bücher von ihm, »Das Leben ist ein Scherzgedicht«, 1948, und »Neue Gedichte«, 1950, erschienen. Einen Teil dieser Gedichte gab Helene Lahr 1949 unter dem Titel »Über Brücken schreitend« in Wien auf deutsch heraus. Die reinste Lyrik enthält die »Jerusalemer Handschrift«, 1957 in Warschau erschienen, mit Gedichten aus der Zeit seiner freiwilligen Verbannung.

Mit dem polnischen Oktober 1955 begann Lec' Karriere als Aphoristiker. In kurzer Zeit waren die »Unfrisierten Gedanken« zu geflügelten Worten geworden; Lec standen wieder nahezu alle Redaktionen der Hauptstadt offen. Er sublimierte sein bitteres Schicksal in winzigen Sätzen und prägte die treffendste Nomenklatur unserer Zeit, aus Poesie und Logik, aus Trotz und Nachsicht. Durch Lec wurde der Aphorismus erneuert und wieder literarische Kunstform. Mit Hilfe lapidarer Einwände wurden große Vorwände mit wenig Aufwand transparent.

Der polnische Aphorismus dieses Jahrhunderts trägt einen Trauerflor an der spitzen Lanze seines Humors. Er ist weniger spielerisch als anderswo, weniger »brillant«, mehr seinsbezogen. Seinen Hintergrund bilden Galgen und Kreuze, Käfige und Ketten. Er ist bitter ernst und schweren Mutes, auch wo er Leichtigkeit vorschützt. Aus der Diskrepanz zwischen dem, was er (manchmal harmlos) sagt, und dem, was er (oft makaber) meint, folgt die Katharsis (die »reinigende« Erschütterung).

Lec ragt aus dem Dutzend seiner Vorgänger und Zeitgenossen vor allem durch den Reichtum und das Gewicht des Themas heraus. So präzise und einleuchtend wie Lec die geheuchelten Himmel und die geschminkten Höllen vor uns entlarvt, vermögen es Sachbücher kaum. In seiner Kürze liegt nicht nur Würze, sondern auch Wahrheit und Wirksamkeit des Worts in seiner ursprünglichen biblischen Bedeutung.

Lec' Werk läßt sich wie die »Mischna« zu sechs Themenkreisen ordnen: Religion, Sitte, Staat, Macht, Wahrheit, Recht. Die Mischna, die Grundschrift des Talmud, als Sammlung von Lehr-(Erfahrungs-, Grund-)Sätzen zu verstehen, die auf Wiederholung basieren, fand in Lec' »Unfrisierten Gedanken« säkuläre Aktualität. Wie die Halacha (die Verhaltensregeln) und die Aggada (Sage) im Talmud, so ist auch in Lec' Gedankenwelt Pädagogisches mit Literarischem vermengt. Im Sinne dieser Tradition sind die Lecschen Aphorismen vorzüglich Erbauliches und Belehrendes in einem: als Wiederholungen (Mischna), als Fortsetzungen (Tossefta) und als Vollendungen (Gemara).

Die Schrift der Semiten drängte als erste zu abstrakten Kürzungen, bis zum Verzicht auf die Vokale. Ihr Ideal war das komprimierte Stenogramm. Die Griechen, denen jedes Detail wichtig war und die differenzierte Vielfalt heilig, kamen damit nicht aus und bescherten dem Abendland die phonetische Schrift. Lec nahm die Kraft der Konsonanten aus dem Aramäischen, den Reiz der Vokale aus dem Ukrainischen und entwickelte mit Hilfe der deutschen Grammatik seine Sprache, das Polnisch, das ihm am nächsten lag und ihn am höchsten beflügelte, zu einem syntaktisch verwandlungsfähigen Instrument. Die Prägnanz der Talmudsprache wurde bei ihm durch die poetische Intensität der Bibelsprache, das Reformatorische des Deutschen durch das Temperament des Slawischen bereichert und gesteigert. Lec' Lebenserfahrung reichte von der Pein des Babylonischen Exils bis zu den politischen Vernichtungslagern unseres Jahrhunderts. Seine Bedeutung gewinnt zusätzliche Symbolkraft, weil er als einer der Letzten stellvertretend für ein Volk und seine Subkultur, die untergeht, wenn sie nicht schon untergegangen ist, als Mahnmal dasteht. Insofern erfüllt Lec neben den anderen auch die Musilsche Definition des Aphorismus exakt: der Aphorismus sei Schicksal.

Was Lec' Aphorismen, von ihm sehr zu recht »Gedanken« genannt, vor allem bewirken, ist die äußerste Mobilmachung des Denkens. Das Echo, das sie überall dort, wo sie auftauchen, finden, bestätigt diese Behauptung. Lec erreicht es grundsätzlich auf drei Wegen: 1. dem des indirekt aggressiven Engagements, 2. dem der paradoxen Reizwirkung und 3. dem der politisch-moralischen Stichhaltigkeit. »Nicht sein, sondern denken, denken, denken.« Es lebt etwas von Aristoteles in dieser Haltung nach, der die freie Nachdenklichkeit mit vollzogenem Entschluß gleichsetzte, etwas von Sokrates, dem Denken allein schon Dasein war, von Thomas von Aquin, der gepredigt hatte, der Mensch sei durch das, was er denkt, das, was er ist, vom cartesischen »cogito ergo sum«. Da Lec aber kein berufener Philosoph, kein Systematiker war, sondern ursprünglich und vor allem moralischer Wortkünstler, war sein Denken wesentlich im künstlerischen Formtrieb integriert. Das Denken als »innere Sprache, die einzig mögliche freie und wahre Sprache« (Platon) machte Lec durch Einsatz agitatorischer Fermente zum gesellschaftlichen Ereignis. Dem Künstler war hier das Formale seines Denkens Tatbestand. »Feile an deinem Gedanken. Vielleicht ist das eine Art zu entkommen.«

Lec bezog seine Inspirationen aus verschiedenen Quellen (»Ich habe von vielen Quellen getrunken und bin ewig durstig«), nicht zuletzt aus seiner intimen Kenntnis der deutschen Literatur, was seine Übersetzungen der Gedichte und Epigramme von Goethe, Grillparzer, Lessing, Morgenstern, Heine bezeugen. Von Heine stammt das »Wahrzeichen« der Lecschen Aphorismen (»schön gekämmte, frisierte Gedanken«). Es gibt bei Lec Parallelen und Pointen, Techniken und Wortspiele à la Lichtenberg, Ebner-Eschenbach, Ringelnatz, Kästner, Kraus, aber niemals ohne schöpferische Eigenleistung, ohne triftige akute Bezüge oder Bilder. Wo Lichtenberg die anmutige Ironie eines gelehrten

Kauzes, Karl Kraus die Bissigkeit eines Misanthropen kennzeichnen, ist Lec die melancholische Menschenfreundlichkeit eigen, das Lächeln mit der Träne im Auge. Was den ersten beiden noch gerade erträgliche Umweltärgernisse eingaben, was ihnen ihr körperlicher Buckel war – der nach Kuno Fischer »das Vermögen des Witzes außerordentlich schärft und in fortwährender Bewegung erhält« –, das war bei Lec (abgesehen von dem Buckel seiner Nase, die er für die größte und krummste von Warschau hielt) die viel beschwerlichere Last seines summarisch europäischen Schicksals: als Jude, Pole, Emigrant, Reemigrant, Monarchist, Sozialist, Pazifist und Partisan, vielfach Verfolgter und vielfach Entronnener – bis in die endgültige körperlose Freiheit eines Verfassers von unsterblichen Aphorismen.

Den »Unfrisierten Gedanken«, 1957–1959, folgten noch einige Buchpublikationen: »Aus tausendundeinem Scherzgedicht« und »Ich spotte und frage nach dem Weg«, beide 1959, danach »An Abel und Kain«, 1961, »Steckbrief«, 1964, aphoristische Morallyrik, rhythmisierte (unfrisierte) Gedanken, und »Gedichte auf dem Sprung«, 1964. Bereits von Krankheit gezeichnet, von innerer Hast getrieben, gab Lec die »Neuen unfrisierten Gedanken«, 1964–1966, und die gesammelte »Epigrammlese«, 1966, heraus. Am 7. Mai 1966 starb der königliche Narr, um – als wäre es seine letzte Pointe – mit allen Ehren eines Staatsbegräbnisses, mit Paradenmärschen, Salutschüssen und Orden auf dem Militärfriedhof Powazki bei Warschau begraben zu werden.

Sein Schicksal nahm das lateinische Vorurteil »nomen est omen« (Name ist Vorbedeutung) beim Wort und ließ es sich an ihm erfüllen. Letz bedeutet hebräisch Satiriker. Die mittelhochdeutsche Letze (Grenzbefestigung, Schutzwall) verleiht ihm politisches Gewicht. Auf deutsch heißt letzen ebenso erquicken wie bedrücken, seine Gedanken kreisen um letzte Dinge. Und schließlich und zuletzt bedeutet Letzt das Abschiedsmahl, die Totenfeier. »Schade, daß man ins Paradies mit einem Leichenwagen fährt.«

Den besten Nekrolog für Lec hat Lec geschrieben. Gleich mehrfach: »Wer in der Schublade keinen Platz hat, der sorge für einen Sarg.« »Seien wir diskret. Fragen wir die Toten nicht danach, ob sie gelebt haben.« Und: »Ende der Todesanzeige: Er ist nicht tot. Er hat seine Lebensweise geändert.«

Karl Dedecius

Allerletzte unfrisierte Gedanken

Es ist schwierig, zweideutig zu sein
in Zeiten, in denen Wörter kaum noch
etwas bedeuten. *St. J. Lec*

Wieviel weniger wäre in der Welt passiert, gäbe es nicht die Wörter.

Auch literarische Erzeugnisse leiden unter Komplexen. Vor allem unter dem Vaterkomplex.

Die reinsten Absichten eines Autors sind in seinem Sudelheft zu finden.

Seine Logik hinkt nicht. Sie hat Plattfüße.

Der tiefste Fall der Kunst – der Kniefall.

Wer Brücken von Mensch zu Mensch baut, baue sicherheitshalber Zugbrücken.

Wenn die Könige nackt sind, werfen auch die Lakaien ihre Livree ab.

Paßt auf, der Massenkonsument könnte eure Kunst tatsächlich konsumieren (verdauen, ausscheiden ...).

Man muß vieles ad absurdum führen, um den Erzeuger kennenzulernen.

Erwarte nicht von einem, der einen Knebel im Munde hat, daß er dir das sagt.

Manche Völker tragen ihren Triumphbogen im Nacken.

Ob sich die Herstellung von Menschen bezahlt macht? Wer weiß, welcher Prozentsatz davon käuflich und verkäuflich sein wird?

»Auch der Morgen wirft Schatten«, stichelte der Abend. »Aber in eine andere Richtung«, gab der Morgen zurück.

Geschichte: Eine Kette von Fakten, die nicht hätten stattfinden sollen.

Sei kein Skeptiker. Beginne endlich an die Existenz des immanent Bösen zu glauben.

Aus allem fügt sich Geschichte. Alles zerfällt zu Geschichte.

So mancher, der nach der Quelle grub, grub sich sein Grab.

Geister zu beschwören ist keine Kunst. Ihnen steht Leiblichkeit nicht im Wege.

Schreckliches Klima, das durch Eintracht des demographischen Hochs mit dem geistigen Tief entsteht.

Poet! Am Ende wird auch deine Lyra – auf den Kopf gestellt und ihrer Saiten beraubt – zum Omega.

Hätte wenigstens die Langeweile, die er verbreitet, die Kraft eines Taifuns.

Dem Gedankenreichtum droht selten Nationalisierung.

Worüber er schreibt? Über nichts. (Sich selbst nicht ausgeschlossen.)

Seine Erfolge freuen mich. Jeder erkauft durch eine Riesenblamage.

Versprecht euch nicht zu viel vom Ende der Welt.

An irgendwessen Hals muß die Guillotine schließlich doch stumpf werden.

Ein Autor von Adel? Ein hochwohlgeborener Analphabeta von und zu Omegapolis.

Was du geworden bist, hing von der Genetik ab. Was aus dir wird, bestimmt die Politik.

Zum Selbstmord entschlossen, wartet er auf die Sintflut.

Zum Zeichen der Trauer hißt man die Fahnen halbmast. Bei großen Euphorien fallen sie von selbst noch tiefer.

Er schwamm mit dem Strom. Crawl, das Gesicht unter Wasser.

»Elende Schurken!« schimpfte er seine Gegner. »Dein Glück«, tröstete ich ihn. »Wenn du an die Macht kommst, hast du sie auf deiner Seite.«

Hüte dich vor Eintagsfliegen. Ihre Zeit ist begrenzt.

Es gibt Zeitumstände, in denen die Menschen sogar in Träumen lügen.

Unwiderlegbares Argument der Pygmäen: »Wir sind der Erde näher.«

Um das Profil der Epoche zu Gesicht zu bekommen, muß man beiseite treten.

Und wenn es nichts Neues gibt über der Sonne?

Eine schmerzliche Geburt, wenn sich der Mensch im reifen Alter selbst zur Welt bringt.

Manchmal scheint mir das Sein eine Gemeinschaftshalluzination der Menschheit.

Wie viele Wörter es doch gibt, aus denen die Menschen vertrieben wurden!

In Augenblicken des Grauens flüchte – vor dir selbst.

Baut Kartenhäuser aus falschen Karten. Vielleicht halten sie länger.

Binde einen Fetzen um einen Stock, halte ihn hoch, und du wirst sehen, wie viele ihm wie einem Banner folgen werden.

Manchmal befürchte ich, die Welt sei nichts als Kulisse, die bald eine Statistensintflut überschwemmen wird.

Trick der Perspektive: Ein kleines Menschlein kann einem die ganze große Welt verstellen.

Jahre wuchsen zu einem Haufen. »Ob daraus eine Epoche wird?« war ihre Sorge.

Es gibt zu viele Menschen? Ich fürchte, sie werden seltener.

Ein neuer Noah sein – im Mare Tenebrarum!

Manchmal drängt sich der Sessel der Macht einem unters Gesäß mit Gewalt.

Ein Blitz sollte sich schämen, im Blitzableiter zu enden.

Um in den Abgrund zu springen, bedarf es keines Sprungbretts.

Siege machen trunken – und süchtig.

Was zweischneidig ist, kann unzuverlässig sein; von beiden Seiten stumpf zum Beispiel.

Ein geborener Klassiker stirbt nicht. Man vergißt ihn.

Hellseher. Inmitten der übervölkerten Welt sieht er die Leere.

Von Schauspielern: Vergib ihnen, denn sie wissen nicht, was sie sprechen.

Manchmal wären im Staatstheater Souffleure angebracht, die uns zuflüstern, was *nicht* gesagt werden soll.

Welche Rolle man gespielt hat, erfährt man erst dann, wenn man keine mehr spielt.

Spiegelt euch in der Quelle des Gelächters.

Rohrkrepierer krepieren mit größerer Wucht.

Erlaube niemandem, sich deine Gehirnwindungen um seinen Finger zu wickeln.

Hamlet heute: Sein, ohne zu sein, oder seiend nicht sein? Keine Frage.

Ein begnadeter Künstler ahmt nur sich selbst nach.

Ach, diese Unterschätzung des Atavismus zugunsten der Tradition.

Nicht jeder Komödiant tritt von der Bühne, wenn sich ihm die (von anderen geschriebenen) Worte erschöpft haben.

In der Kunst sind die Folgen undemokratisch.

Die Logik vergewaltigen kann nur einer, der sie besitzt.

Je reiner die Schuld der Opfer, desto schmutziger die Hände der Henker.

Vielleicht geben das Drama der Menschheit nur die Didaskalien wieder?

Frage den Fehler nicht nach seiner Abstammung.

Der Kontext zum Wort ist die Welt.

Er bleibt ganz oben, auf dem Gipfel der Poesie, hocken – damit man unten nicht merkt, was für ein Graphomane er ist.

Was kann schon auf dem harten Boden der Tatsachen gedeihen.

Ich zweifle, ob die Musen für unsere Kunst Muße aufbringen.

Ruinen – mnemotechnische Zeichen der Geschichte.

Wäre das Papier geduldig, hätte es auf das Kunstwerk gewartet.

Nicht einmal Wörterbücher sind wörtlich zu nehmen.

Wer die Semantik beherrscht, kann alles sein eigen nennen.

Kunst blüht an der Stelle, an der man sie verwundet hat.

Das Herz stieg ihm zu Kopf.

Laßt euch nicht die Redefreiheit vor der Gedankenfreiheit aufzwingen.

Im Glanz des Ruhms wechseln die Wörter ihren Schein.

Ein Blitz aus heiterem Himmel – so stelle ich mir den Tod eines Optimisten vor.

Manchen steht etwas zu Gesicht auch ohne dieses.

Der Mangel einer Pointe befreit den Zuschauer nicht von der Pflicht, das Theater zu verlassen.

Was eine Tragödie und was eine Komödie ist, stellt sich mit der Zeit von selbst heraus.

Auf dem Weg zur Vollkommenheit stolperte er über seinen berauschenden Erfolg.

Wir kreieren neue Akustiken, damit die Banalität ungewöhnlich klingt.

Darf die Kunst nur Ahnung sein, wenn alles klar ist?

Selbst der schönste Traum endet mit dem Anbruch des Tages.

Kein Traumdeuter konnte mir bisher erklären, was ein Traum von der Freiheit eigentlich bedeutet.

Der Mensch ist eine Ganzheit, es sei denn, die Verwandten entscheiden anders.

Der kategorische Imperativ erinnerte früher an eine Keule, heute erinnert er an eine Rakete.

Zeit der Kynologen.

Menschliche Geschäftigkeit: Variationen zum aufgezwungenen Thema.

Ein gordischer Knoten, in dem der eigene Kopf steckt, läßt sich auf die übliche Art nicht lösen.

Hundeschwänze sind gegen die wechselnden Winde immun. Sie wedeln.

Vielleicht haben die Argonauten unter dem goldenen Vlies das Goldene Kalb vermutet?

Der Steuermann umgab sich gern mit Nullen. Er hielt sie für Rettungsringe.

Bei einem intelligenten Autor sind auch die Analphabeten gebildet.

Blaß wie das Volk im Schatten der Diktatur.

Die Konstruktion der Welt kompliziert sich. Ich garantiere für nichts mehr.

Manche lassen sich von der Dialectica wie von einer Lectica tragen.

Auch der Spiegel sollte nach seiner Makellosigkeit fragen, wenn er sich im Gesicht betrachtet.

Menschen, die wie Götter verehrt werden, verlieren mit der Zeit tatsächlich ihre menschlichen Züge.

Die Leichtgläubigenpartei: eine gefährliche Sekte!

»Trage es mit stoischer Ruhe« raten meist – ausgerechnet – die Zyniker.

Wie viele Hähne rotieren auf den Kirchtürmen fremder Kulte!

Te deum ex machina laudamus.

Guter Appetit und schlechter Geschmack; wir fressen uns alle gegenseitig auf.

Wer träumt, hat schlaflose Nächte.

Es gibt fruchtbare Wüsten, wo Straußenköpfe bestens gedeihen.

Sind Bloßstellung und Striptease dasselbe?

Vergewaltigte Musen gebären fehl.

Es hieß von ihm mit Recht: »Persona non gratis«.

Ich bin gegen die Todesstrafe, aber auch gegen den Tod ehrenhalber.

Der Kompaß sei dir Beispiel: Er weiß genau, wann er zittern darf.

Manch gedungener Bote glaubt im Ernst an seine Botschaft.

Ideal wären spanische Wände, die sich selbst unsichtbar machen.

Das Kreuz neben dem Namen halten viele für ein Pluszeichen.

Anonym darf auftreten, wer tatsächlich ein Nichts ist.

Gibt's denn keine Tierschutzwoche für die Bestie im Menschen?

Auf der Straße der Tugend geht es gefährlich zu. Das Straßenamt scheint vom Einbahnverkehr nichts zu wissen.

Jedes Selbstbildnis ist eine Aktzeichnung; nichts entblößt besser.

Wenige Menschen sahen im XIX. Jahrhundert voraus, daß diesem das XX. folgen würde.

Teufel bestehen immer darauf, daß man den Schuldschein mit eigenem Blut unterschreibt.

Wer selbst nichts kaufen kann, ist leicht selbst käuflich.

Es gab viele Trompeter, Fanfaren und Trommeln – aber keinen Ton.

Unglaublich, daß X tatsächlich lebt. Ich habe ihn unlängst genauer beobachtet.

Wirf den Stein als erster, sonst nennt man dich einen Epigonen.

Dressierte Papageien wiederholen nichts.

Fortschritt: Unsere Ahnen trugen Tierfelle gern, wir fühlen uns im eigenen unwohl.

Stottern vervielfacht das Gesagte.

Ob ein Matador in der Arena daran denkt, daß er gegen »bœuf à la Stroganoff« oder gegen eine Rindsroulade kämpft?

Je seltener ein Irrtum, desto wertvoller ist er.

Hoffen wir, daß die seichte Literatur irgendwann zur elitären wird. Für den letzten Rest der Quasi-Intellektuellen.

Wer seinen Standpunkt nicht verteidigen kann, kann ihn immerhin erobern.

Obdachlose Ideen finden immer einen Unterschlupf – im Menschen.

Manchmal verbirgt sich etwas hinter etwas, wovor wir uns verbergen.

Transparent einer Verbrecherdemonstration:
»Quält unser Gewissen nicht. Laßt es in Ruhe.«

Wäre das Menschenschicksal doch Gegenstand nur der Philosophie!

Erbarmungslos ist des Menschen Selbstzensur; wir kennen nicht einmal die Gedanken, die wir nicht denken *wollen*.

Tabus vermehren sich erschreckend, obwohl sie unberührbar sind.

Preislisten, die fehlen – was gibt's um jeden Preis?

Freie Wahl: Ein Werk des Autors oder eins der Kunst.

Legt euch Mythen zurecht. Die Götter haben auch nicht anders angefangen.

Ein Publikum von Hohlköpfen müßte besonders aufnahmefähig sein, nicht wahr?

Jemandem Gedankenlosigkeit beizubringen ist auch eine didaktische Kunst.

Gehört der Mangel an Illusionen auf die Habenseite?

Auch Vierbeiner machen Männchen. Was tut man nicht alles für den Eßnapf und aus Angst.

Sein Leben ist bunt. Er wechselt die Fahnen.

Manchmal muß man untertauchen, um reine Luft zu schöpfen, die oben fehlt.

Ihr erkennt sie an den Worten, die sie verschweigen wollten.

Ich beobachte diesen Autor aufmerksam, seit Homer.

Eine höhere Art der Claque: zum Nichtklatschen bestellt.

Die Kunst des Dramas: Man mache aus einem Feigling einen Helden.

Auch in stummen Rollen muß der Schauspieler was zu sagen haben.

Leider haben unvergängliche Werte kein Verfallsdatum als Warnung.

Es gab zwei Möglichkeiten: sich auf den Boden der Grundsätze zu stellen oder darüber zu baumeln.

Komisches nehmen die Menschen nicht ernst. Als wäre ein Toter, mit einer Lachgaspistole totgeschlagen, nicht tot.

Das Wort verteidigen? Nein, es zum Angriff zwingen.

Wo Antworten mit einem Fragezeichen stehen, sollten Fragen mit einem Ausrufezeichen enden.

»Ich bin die Tochter der Sonne«, sagte die Sommersprosse auf der Nase von Lady X.

In manchen Wörterbüchern fehlt das Ehrenwort.

Es gibt solche, die nie eine Hoffnung hatten, und andere, die sie ewig verlieren.

Zwischen den Bäumen des Guten und des Bösen suchen wir die Lichtung.

Gebt dem Wort Aus-Druck.

Unsere Gesichtspunkte decken sich. Es geht nur darum, welcher welchen deckt.

»Nur ein Meteor«, sagte die Kerze verächtlich.

»Ich wollte, die Welt wäre ein Grand Guignol!« – »Sadist!« – »Wieso? Dann wäre ja alles nur, als ob!«

Sei sentimental. Nur so wirst du dich genußreich an die früheren Tragödien erinnern können.

In manchen Quellen der Inspiration waschen die Musen ihre Füße.

Ja, aus Träumen läßt sich Konfitüre herstellen. Wenn man Früchte und Zucker hinzutut.

Ich fürchte stilistische Mischformen; zum Beispiel die Renaissance des sozialistischen Realismus.

Auch der Mangel an Obst erzeugt Fermente.

Berufe dich nicht auf den Teufel schon in der Vorhölle.

Es gab Märtyrer, die den Kreuzweg hin und zurück gingen.

Es gibt immer noch spitzeren Stumpfsinn.

In ihren Augen lesen? Drei Dioptrien, sonst nichts.

Wenn zwei Seiten auf gleiche Weise recht haben, setzt der nichtantagonistische Gegensatz ein, das heißt die Tragödie.

Sind Reflexbewegungen menschlicher als Gesten?

Nicht jeder Adler wurde mit ausgebreiteten Flügeln ausgestopft.

Schlimm, wenn sich der Souffleur für den Hauptdarsteller hält.

In dunklen Zeiten ist es nicht leicht, in den Schatten zu treten.

Auch schweigend sollte man nur hohe Töne anschlagen.

Autobiographen arbeiten eigentlich nach einer fremden Vorlage.

Manchmal ist das Verbrechen selbst das Alibi.

Wenn dein Schrei nach Freiheit einen grammatikalischen Fehler voraussetzt, leiste ihn!

Könnte man debütieren wie Eva: in einen Apfel zum ersten Mal und mit eigenen Zähnen beißen.

Hab acht, daß dich aus dem brennenden Busch nicht ein Bauchredner anspricht.

Auch erloschene Krater fauchen. Vor Neid.

Seid Autodidakten. Wartet nicht, bis euch das Leben eines Besseren belehrt.

Wegweiser machen die Via Dolorosa nicht leichter.

Wer innen weich ist, muß außen hart sein: siehe Schildkröte.

Schwer zu erkennen, wer freiwillig mit dem Strom schwamm.

Wenn geistige Dürre Fett ansetzt, bekommt sie dadurch Form?

Ach, dieser Sinn der Täuschung, der alle anderen gebiert!

Wenn sich eine Fata Morgana als Wirklichkeit entpuppt, sollte man Entschädigung verlangen.

Der Geist der Zeit erschreckt sogar die Atheisten.

Seitdem ich das Unvorstellbare mit eigenen Augen gesehen habe, glaube ich sogar an meine Erfindung.

Vollkommenheit gibt's nicht? Und was zerstören diejenigen, die sie zerstören?

Manch einer betrachtet sich selbst wie durch ein Schlüsselloch.

»Der Welt droht Hungersnot.« – »Schade, daß man die Menschenfresser zu voreilig bekehrt hat«, bedauerte der Teufel.

Der Turm von Babel wurde aus Wörtern gebaut. Deshalb brach er zusammen.

Auch das Nichts hat ein Recht auf sein eigenes Drama.

Marx und Engels waren in der glücklichen Lage, ihr Grinsen hinter Vollbärten verstecken zu können.

Manche Dichter möchten am liebsten der Schöpfung durch den Rückfall ins Wort ein Ende setzen.

Einen Gott der Scheinheiligen gibt es auch.

Zahle mit falscher Münze. Sie steht höher im Kurs.

Wörter, die ihre Funktion längst eingebüßt haben, sollte man von der Gehaltsliste streichen.

Der Mensch ist leider oft am Gipfel dessen, was er schon hinter sich hat.

Hüte dich auch vor dir selbst, du bist loyaler Bürger des Staates.

Die Proportionen des Schönen sind einfach – hundert Prozent.

Psyche wurde der Psychoanalyse unterzogen. Eros war immer dabei.

Engel? Geflügel für Menschenfresser.

Banalität erntet tausendfachen Applaus. Der Mitautoren.

Außer Gedanken gibt's auch intellektuelle Reflexe.

Sicherlich gibt es Genies, deren Gedanken für andere Genies unübersetzbar sind.

Bleibe unterwegs zum Ruhm incognito.

Auch die Sprache des Grauens kennt Slangs.

Hütet euch vor der tragedia dell'arte.

Das Leben schrumpft, seine Kommentare wachsen.

Sprachforscher sollten auch die Spitzelberichte nicht unbeachtet lassen – es ist die Sprache unserer Zeit.

Manche Früchte der Kunst genieße man ungeschält; zusammen mit ihrer Legende.

Das Band von Mensch zu Mensch wird immer enger und fester: zur Kette.

Kunst? Zeitbombe in einer Spieldose.

Gewalt der Argumente – Argumente der Gewalt, zwei verschiedene Stile.

Hohes Niveau und Tiefe sind zweierlei.

Wer Phantasie hat, muß nicht lügen.

Auch Schönredner reden aus dem Bauch.

Manche hassen die Kunst. Nicht immer aus eigenem Unvermögen.

Des Schriftstellers Virtuosität: das allerhöchste ABC.

Manchmal piekt's einen; als wär's ein Stachel vom Baum der Erkenntnis.

Schlachtruf der Veteranen: »Zurück zu den Siegen!«

Engagierte Kunst? Durch wen?

In meinen Träumen genieße ich meine Lieblingsautoren, die ich in der Wirklichkeit nicht habe.

Folge nicht den Spuren der Großen. Du bleibst in ihnen stecken.

Viele Bauchredner reden im Namen fremder Bäuche.

Einen Dickhäuter reizt schon die sanfteste Anspielung.

Alles ist Sache der Übereinkunft. Die man ohne uns trifft.

Die dritte Seite der Medaille? Die Brust, an der sie hängt.

Die Zyniker nennen mich einen Zyniker. Um zahlreicher zu werden.

Ich bin treulos – könnte den nächsten Tyrannen genauso hassen wie seinen Vorgänger.

Zusammengebrochen oder zurechtgebogen, was ist besser?

Keine Kunst, das Ziel zu treffen, wenn man eins hat.

Blut ist flüssig, warum sollte man es nicht vergießen?

Ich führte gern einen Dialog mit der Welt – ohne Lauschangriff.

Neue Winde sollten neue Blößen enthüllen.

Ich stehe bei ihm hoch im Kurs, sagst du? Ich weiß, ich habe neulich mehr als dreißig Silberlinge verlangt.

Ins Schlüsselloch schaut man nicht mit den Augen der Seele.

Am schlimmsten sind die Gleichungen mit einer Bekannten, die wir nicht zur Kenntnis nehmen wollten.

Irrtum, wenn du meinst, ein Analphabet wäre nicht zu einem Verbrechen von A bis Z imstande.

Ließe er das Steuer aus der Hand, hätte er diese frei, sich an die Stirn zu klopfen.

Und vielleicht ist die Erde nur das Sternchen einer Fußnote, die wir übersehen haben?

Primitive Kannibalen schmecken nicht die Wurzel des Übels, die ihrem Braten den Geschmack gibt.

Wie viele Letzte Worte kämpfen um ihren Ersten Platz!

Ich fürchte mich vor der Sympathie der Masochisten. Das Selbstquälerische ist ihnen Lust.

Das Innere zeigen – ohne sich zu entblößen!

Auch die eigene Identität bedarf der Maske.

Pawlow ist bestätigt: Nach jedem Klingelzeichen hat das Publikum aufs neue Appetit auf ein Schauspiel.

Seiltänzer, bedenke, wer dir unten das Netz hält!

Warum die Menschen von einem Schiff springen, das nicht sinkt? Sie merken, wohin es steuert.

In Zwergstaaten muß man die Regierung durchs Vergrößerungsglas beobachten.

Grabt nach den Wurzeln des Bösen, sie schmecken gut und sind bekömmlich.

Inhalten, die sich nicht übertragen lassen aus einer Sprache in eine andere, fehlt das Humanum. Sie sind stammestypische Zaubersprüche.

Ich habe in meinem Kopf einem Gedanken Zuflucht gewährt, nun werde ich ihn nicht los.

Wer lebensunfähig ist, sollte umgeschult werden; vielleicht ist er für eine andere Daseinsform geeignet.

Übe deine Mnemotechnik. Sie hilft dir, dich zu erinnern, daß du lebst.

Gerade der Mangel an Harmonie im Menschen schafft eine immer neue und neue.

Nicht jeder Hirte läßt seine Schäfchen im Hochland des Geistes weiden.

Neuerer: Ihr heutiges Gestammel erinnert in nichts an das Gestammel von gestern.

Welche chemische Zusammensetzung des Bürgers wäre dem Staat als Lösung recht?

Gebrauche keine Wörter, die selbst nicht wissen, was sie bedeuten.

Siegreicher Kriegsherr! Zerstöre Stadt und Befestigung, laß aber noch ein Schlupfloch übrig. Für deine Flucht.

Der Henker wollte nach der Exekution seine Hände nicht waschen. »Bin ich etwa Pilatus?« empörte er sich standesbewußt.

Handarbeit bekommt Seltenheitswert. Auch unter Kriminellen.

Fünf Dornen hat seine Krone. Reicht das für den »Almanach de Golgotha«?

Mit welchem Recht werden diejenigen gekreuzigt, die niemand anbeten wird?

Daß doch die Feigen keine Angst haben, sich auf Heldenfriedhöfen begraben zu lassen.

Vielleicht sagt ein Wort dem anderen Wort mehr, als es dem Menschen sagt?

Eine Figur schaffen und sie dem eigenen Schicksal überlassen – das können nur gottbegnadete Autoren.

Epochen sind ein Werk der Archäologie.

Blinde treffen das Ziel leichter!

Was uns entflammt, schwärzt uns am Ende auch noch an.

Was keinem Zweifel unterliegt, besiegt diesen nie.

Die schönste Siegestrophäe – der ganz gebliebene Kopf.

Teufel sind listig. Sie können dich einfach als Teufel heimsuchen.

Ein so kleiner Kosmos, und soviel menschliche Sehnsucht hat darin Platz!

Ein Schiffbrüchiger, der sich rettet, hat auch das Recht, Amerika noch einmal zu entdecken.

Wer leichter vergißt, besteht das Lebensexamen besser.

Satiriker sollten ihre Zungen am Stein der Weisen wetzen.

Ein Menschenfreund sagte: »Ich meide Menschen – um ihnen nichts Böses anzutun.«

Eigene Schwäche und fremde Gewalt sind gleichermaßen gefährlich.

Der Appell der Ersten an die Zweiten »Morden wir uns nicht gegenseitig!« ist mißverstanden worden. Es ging um das Ausschließlichkeitsrecht der Ersten.

Kleinmut leidet nie an Mikromanie.

Am schwersten läßt sich das eigene Analphabet entziffern.

Wer Träume von der Macht träumt, darf nicht schnarchen.

Dem Geräderten hilft es wenig, wenn das Rad die Drehrichtung ändert.

Eine folgsame Zunge kann schweigen.

Wer keinen Funken übrig hat, der verkohlt restlos.

Politiker sollten sich von Gastrologen beraten lassen: Was ein Bürger noch alles verdauen kann.

Da es keine Wunder gibt, müßte doch einmal eins passieren können.

Viele Menschen träumen gebrauchte Träume.

Alles hängt von der Phantasie der Logisten ab.

Wieviel Sadismus setzt doch das Kunstschaffen voraus!

Große Tragöden vergießen Blut, nicht Tränen.

Auch Bronze wird zu Schrott.

Alle ehrenwerten Theater sollten über eine Senkbühne verfügen. Für den Fall der Scham.

Die Zeit ist und bleibt ein Menschenfresser.

Des Henkers ewiger Traum: ein Lobeswort des Delinquenten über die Qualität der Exekution.

Seien wir Menschen, wenigstens solange die Wissenschaft nicht entdeckt hat, daß wir was anderes sind.

Man erkannte ihn sofort, als er auf einem Triumphwagen vorfuhr: den Eselstreiber.

Suche nicht Tiefe durch Reinfall zu erreichen.

Ist nicht der letzte Atemzug – die Poesie an sich?

Veteranenträume in Daunenbetten! Wie widerlich!

Mißtraue deinem Herzen, es giert nach deinem Blut.

Über die Echtheit eines Zeitdokuments entscheidet meist das Amtssiegel der nachfolgenden Regierung.

Erdbeben wollen nicht die Welt, sondern den Menschen erschüttern.

Im Schein des Ruhms ändert sich das Größenverhältnis der Wörter.

Ach was, Worte – nichts als Zwischenzahlen.

Wenn wir vom Z zum Anfang des Alphabets zurückkehren, finden wir dort bereits andere Buchstaben vor.

Editorische Notiz

Editorische Notiz

Ich bin verlegen, nach den »Letzten unfrisierten Gedanken« (1968), der »Spätlese unfrisierter Gedanken« (1976) und »Allen Unfrisierten Gedanken« (1982) nun – 1996 – noch einmal *Allerletzte unfrisierte Gedanken* anzubieten – es grenzt an Leichtsinn, wenn nicht Irreführung, und ist doch keins von beiden.

Lec starb 1966. Wir waren gut befreundet, und solange er lebte, besprachen wir alle Editionen eingehend. Lec, ein Kind jüdischen Großbürgertums, ist mit der deutschen Sprache groß geworden und sprach sie fließend. Er schenkte mir im Laufe unserer Zusammenarbeit volles Vertrauen. Aber nach 1966 stand er als Gesprächspartner nicht mehr zur Verfügung.

Ich vermute, daß Lec, wie viele Genies, mit seinem Zettelkram nicht sehr gut zurechtkam. Sudelhefte, Zettel, Schnipsel, beschriebene Kaffeehausservietten lagen zerstreut herum, wiederholten, parodierten sich gegenseitig, hoben sich gegenseitig auf – am Ende wußte man nicht recht, aus welcher Zeit welcher Zettel stammte und ob er nur eine Variante oder eine Korrektur enthielt.

Manchmal war die Verbesserung offensichtlich. Erste Fassung: »Das Menschenleben verliert immer mehr an Format. Die sich breitmachenden Kommentare beengen und verdrängen es.« (S. 273) Spätere Fassung: »Das Leben schrumpft, seine Kommentare wachsen.« (S. 373) Aber dann gibt es zwei Fassungen, bei denen die Entscheidung schwieriger ist: »Vermeidet Blutvergießen. Ein Held honoris causa täte es meinetwegen auch.« (S. 161) Und die spätere: »Ich bin gegen die Todesstrafe, aber auch gegen den Tod ehrenhalber.« (S. 355)

Daß Lec nicht immer wörtlich zu übersetzen ist, wußten wir beide sofort. Zu übersetzen waren bei ihm zuallererst die Pointen, die Anspielungen und ihr doppelter Boden, die Lecsche Logik, nicht die Wörter. Darin lag die Unübersetzbarkeit einiger höchst »ortsgebundener« Gedanken und die Schwierigkeit bei der Übersetzung der anderen.

Nach dem Tod von Lec schrieb seine Familie (die nicht an einem Ort lebt) das Aufgefundene ab und stellte es mir zur Verfügung. Erfreut habe ich daraus die »Spätlese« erstellt. Doch auch danach kamen immer wieder Funde zum Vorschein, die mir so nicht bekannt waren. 1991 schließlich überraschten mich die beiden Söhne von Lec (der eine lebt in Warschau, der andere in Helsingør) mit einer eigenen Edition (Jan und Tomasz de Tusch-Lec, Warszawa/Elsynor 1991), in der ich Gedanken fand, die ich auf deutsch noch nicht veröffentlicht hatte.

So kam diese – und ich hoffe nun: wirklich letzte – »Nachlese« zustande.

Lec' Gedankenvariationen bieten immer wieder neu

entdeckerisch Anregendes an, das unsere Phantasie in unvermutete Seitenwege und Winkel literarischer, politischer, kunstkritischer Besinnlichkeit und Überlegung führt.

Ich wünsche den Freunden Lecscher Gedankengänge genußreiche Wanderwege und mir – die Nachsicht der Leser. Oder um es mit einem Satz des geliebten und unvergessenen Freundes zu sagen: »Was ist Chaos? Die Ordnung, die man bei der Erschaffung der Welt zerstört hat.«

Frankfurt am Main im Herbst 1995 Karl Dedecius

Steckbriefe

*Epigramme
Prosa
Gedichte*

Vorwort

Stanisław Jerzy Lec, der folgenreichste Aphoristiker unserer Zeit, ist seit dem 7. Mai 1966 tot, aber es hat sich auch für ihn erfüllt, was er aus Anlaß des Todes eines seiner Kollegen einmal geschrieben hatte: »Er ist nicht tot. Er hat seine Lebensweise geändert.«

Lec' veränderte Lebensweise sind die Jahr für Jahr neuen Auflagen seiner »Unfrisierten Gedanken«. In ihnen, mit ihnen lebt Lec weiter, so ausschließlich und so intensiv, daß man dabei den anderen Lec, den Lyriker und Epigrammatiker, fast vergessen hätte. Nur spärlich und zerstreut gab es von ihm in zwei, drei Lesebüchern ein Gedicht oder ein paar Epigramme zu lesen.

Die folgenden Seiten sollen den Autor, Denker und Menschenfreund Lec außerhalb der »Unfrisierten Gedanken« geschlossener sichtbar machen, seinen Weg von den ersten lyrischen Experimenten (1933) zu den letzten, altersweisen Xenien (1964) in knapper Auswahl nachvollziehen. Die Merkmale der Lecschen Handschrift, des Lecschen Charakters sind auch hier unverkennbar: Kürze und Klarheit, Humor und Humanitas. Für alle Formen gilt, was Lec einer ihn befragenden Dame einmal geantwortet hatte:

»Schreiben Sie auch größere Sachen?« wollte sie wissen. »Nein, nur große«, war seine Antwort.

Lec' »große Sachen« sind das Große im Kleinen: der »kleine« Mensch, sein »kleines« Problem, die »kleine« Form. Mit einfachen Diagnosen und Gedanken-Therapien wird den komplizierten pathologischen Zuständen unserer Zeit und Welt heilsame Nachdenklichkeit verschrieben. Das Produkt ist naturrein, man kann es getrost – und getröstet – gebrauchen.

K. D.

Epigramme
1936–1966

Kunst

Es sind Löcher nur?
Doch von Henry Moore.

Beispiel von oben

Sogar der heilige Himmel
kennt den Persönlichkeitsfimmel.

Prima vista

Auch das gibt es, unbedingt;
ein Mißling, der gut gelingt.

Von den Arten

Der Schlaue schwamm mit der Strömung tapfer –
 und ertrank.
Die Schlaueren kamen ans Ziel – am Ufer entlang.

Zweizeiler

Zwei Zeilen für unsre Zeit? Ja, leider.
Gefängniswände sind auch nicht breiter.

Höchste Zeit

Also sprach unser Großer Effendi:
»Es wäre Zeit für den modus vivendi.«

Von zwei Leichen

Der eine fiel wie Hektor,
der andere lebt als Direktor.

Einmal

Einmal ist alles zu Ende,
sogar die längste Legende.

Ausnahme

In der Natur komme nichts um?
Ausgenommen – das Menschentum.

Rangordnung

Auch Dummköpfe im Idiotenheer
sind dumm primär oder sekundär.

Geschlechtswechsel

Eine Metamorphose zum Erbarmen!:
Jeanne d'Arc verwandelt zum – Jean d'Armen.

Für Satiriker

Ein Körnchen Gold aus dem Weisheitstiegel:
Schreibe Satiren nur vor dem Spiegel.

Konferenz

Erst wird es mit Weile dick aufgeplustert,
dann wird es in Eile zusammengeschustert.

Von der Zärtlichkeit

Auch Marionetten ist es ein Trost,
wenn man sie kost.

Den Epigrammdieben

Vermacht ihnen doch im Testament
alles, was tot oder remittent.

Schade

Wenn ich im Obstgarten spaziere,
seh ich ihn schon als Konfitüre.

Das ist die Frage

Soll ich ihn ohrfeigen, oder besser nicht?
Wie trifft man Fressen ohne ein Gesicht?!

Immer dabei

Zwei sind immer dabei:
die Angst und die Heuchelei.

SOS

Auch solche Schreie gibt es, ich wette:
»Rette mich vor dem Retter, rette!«

Heuchler

Aus seinem Gesicht sprachen zwei Kollegen:
der eine dafür und der andre dagegen.

Realismus

Das wären erst tolle Theaterperücken,
wo Haare sich sträubten – vor den Stücken.

Schwarzweiß

Hell ist das kleinste Gefunkel,
funkelt's im Dunkel.

Unentschieden

Nicht alle, die Grundsteine legen, ahnen,
wer oben hissen wird – wessen Fahnen.

Erinnerung

Ich hatte einst einen lieben Kollegen.
Nun lebt er nicht mehr. Er ist Würdenträger.

Von Sätzen

Auch in kleinen Sätzen kreist
ab und zu ein großer Geist.

Akt

Ein Akt von dir wär mir lieber und mehr
als drei oder vier von Monsieur Molière.

Vielweiberei

Wie die Hormone,
so der Mormone.

Courtoisie

Vergessen Sie nie die Courtoisie:
dieses Mal jene, das andre Mal die.

Wer...

Und wer, du armer Posten, denkste,
bewacht dir deine eignen Ängste?

Von alten Bräuchen

Ein schöner Brauch wurde leider Legende:
zu leben bis an sein Lebensende.

Vom Sehen

Blinde Hühner finden immer was zu fressen,
Sehende – marschieren oft in Suppenkessel.

Diskrepanz

So mancher Dreckspatz hat
sein Haus direkt am Bad.

Entwicklungsprobleme

Oft will sich ein Trieb nicht zur Rose entfachen:
Er hat nämlich Angst vor den eigenen Stacheln.

Leichter

Leichter wechselt man eine Front
als den gewohnten Horizont.

Von Hymnen

Die Hymne gefiele ihm,
sänge man sie intim.

Al fine

Zu jedem *da capo al fine*
gehört eine andere Miene.

Rhetorische Frage

Besteht Kultur
aus »Kult« und »Ur«?

Lasciate ogni speranza

Ein auferstandener Dante
fände nur statum quo ante.

Lösung

Fehlt dir der Standpunkt, guter Mann,
dann hol dir einen nebenan.

Gewöhnlich

Es plappern gewöhnlich die Papageien
nicht ihren Herren nach, sondern Lakaien.

Schicksal

Was für'n perfides Schicksal er hatte;
als Lautsprecher – einer einzigen Platte.

Schematische Dramaturgie

Der Schwarze steht rechts, der Weiße steht links
und mitten dazwischen die gähnende Sphinx.

Vom Glück

Das Unglück sieht man meist paarweise gehen.
(Das sind dann die allerglücklichsten Ehen.)

Berufsgeheimnis

Der Teufel verrät es nie,
bei wem er die Hörner lieh.

Schönheit

Manche Tempel verdienen
Beachtung erst als Ruinen.

Statistisches Jahrbuch

Was blieb zurück von den Liebesmahlen?
Bevölkerungszuwachs in trockenen Zahlen.

Entartung

Was es doch für scheußliche Perversionen gibt,
zum Beispiel, wenn ein Opfer seinen Moloch liebt.

Hypothesen

Folgendes ist sehr typisch für unsere Hypothesen:
Bevor ihnen Beine wachsen, tragen sie schon Prothesen.

So ist das

Kein Problem verschwindet aus der Welt
dadurch, daß man es verschlossen hält.

Erstaunlich

Gerade »Kurzschlüsse« besitzen
sehr oft den Reiz von Geistesblitzen.

Ganz

Das ganze Ausmaß der Natur:
Vom Kreator zur Kreatur.

Relativität

Was nur die Menschheit an diesem Dante fand!
In Sachen Hölle war er Dilettant.

Plagiatage

Ich saß in Bibliotheken viele stille Stunden
und las in meinen Versen – eh' ich sie erfunden.

Humanitas

Ich sah zwei Ochsen, die im Felde stritten,
und dachte gerührt: Welch menschliche Sitten!

Proportion

Henker und Opfer sind beide nur
zwei ungleiche Zeiger einer Uhr.

C'est la vie

Und als er ihm den Todesstoß gegeben,
seufzte er traurig: »So ist das Leben.«

Geschichte

Lügen mit glücklichen Umständen
avancieren zu Staatslegenden.

Von einem Dichter

Er besitze den sechsten Sinn?
Dafür sind die fünf andren hin.

Beim Metzger

Hier in des Schlachters Himmelreich
sind Stier und Ochse endlich gleich.

Ideologischer Rentner

Mut, Wille, Ideen – das war einmal.
Jetzt trägt ihn der Zinsfuß von Marx' »Kapital«.

Gute Aussicht

Wer Beifall zollt,
bekommt den Sold.

Sachverständnis

Ich gab eine Lesung in Pil.
Gleich fragten Kollegen: »Wieviel?«

Nachlaß

Auch zu einer Totenbahre
gibt's vitale Kommentare.

Verhältnismäßigkeit

Ein kleiner Satz
macht viel Rabatz.

Von Mythen

Auch unter Mythen
gibt's Nieten.

Kulinarisches

Und hier ein Rezept für vornehme Magen:
Die Creme wird immer zum Nachtisch geschlagen.

Sicherheit

»Am sichersten ist man ganz unten«, rief er.
»Man fällt nicht mehr tiefer.«

Parodie

Man ließ ihn draußen den Flug parodieren.
Zu Hause kroch er auf allen vieren.

Ultima ratio

Die Wahrheit siegt.
(Nicht ohne Krieg.)

Von Y

Jenseits von seinem Temperament
war er hervorragend impotent.

Kriecher

Die Gnome haben ihr Ziel erreicht:
Der Donner trifft sie jetzt nicht so leicht.

Haute Couture

Im Himmel fand eine Prominentenschau statt.
Casanova trug Lorbeer – statt Feigenblatt.

Soziologie

Was können spielend die Massen?
Den Menschen verschwinden lassen.

Liebeskunst

Wo Herz dem Herzen sich weiht,
ist Leib dem Leibe nicht weit.

Verantwortung

Es sieht kein Lawinenstein
seine Verantwortung ein.

Moderne Mythologie

Ein Held unsrer Zeit (die auch bald vergeht):
halb Schreibgenie – halb Analphabet.

Kriterium

Woran erkennt man den wahren Humor?
Er weiß was wo wie – schon lange davor.

Jurisprudenz

Recht wird gesprochen. Doch nicht
unbedingt im Gericht.

Nichts um Nichts

Auge um Auge! Zahn um Zahn!
O Welt! O Zeit! O Gerechtigkeitswahn!

Strafverfahren

Es stritt die Fiktion gegen die Fiktion.
(Mittels tatsächlicher Jurisdiktion.)

Inserat

Gesucht wird: die Idiotie.
Verlangt: eine Garantie.

Frau Walewska

Sogar im Nachtgewand
dient sie dem Vaterland.

Rezept für Glück

Zur rechten Zeit eines Falles
die Kurve drehn – das ist alles.

An die Mitmenschen

Was für ein ungleicher Preis für unsere gleiche Haut:
Ihr denkt an mich nur leis, und ich an euch sehr laut.

Karriere

Er schnellte empor mit der Hochkonjunktur.
Er fiel und verlor in der Literatur.

Kunststoff

Manche Hemden sind non-iron,
viele Dichter sind Non-Byron.

Geisteswissenschaft

Sei auf der Hut vor dem Geist,
der nichts als sich selbst beweist.

Ruhm

Steht der Ruhm ins Haus,
ist das Spiel meist aus.

Mode

Wo jede Mode ihren Ursprung hat?
Im Paradies. Bei Evas Feigenblatt.

Zum Knacken

»Zu harte Nüsse«,
sagen faule Gebisse.

Aber

Es gibt kein Moralgelaber
ohne ein »Aber«.

Gesichtspunkt

Exakte Wissenschaften sind was für Naive:
Nicht jeder Punkt und Winkel führt zur Perspektive.

Dunst und Ewigkeit

Sein Werkchen verdunstete wie Anilin,
doch das Verbot – verewigte ihn.

Zuweilen

Zuweilen ist das Gleichgewicht
auf fremde Ungleichheit erpicht.

Kain und rein

Er trug im Hirn das Zeichen des Kain
und um die Stirn den Heiligenschein.

Entscheidungsfreiheit

Leben Sie noch? Oder sind Sie schon tot?
Ich weiß nicht. Ich warte aufs Angebot.

Relativitätstheorie

Große Menschen haben Platz
auch in einem kleinen Satz.

Relativitätspraxis

Eine winzige Glosse
bewegt – Kolosse.

An Goethes Kritiker

Hier sind Feder und Inkaust,
bitte, schreibe einen »Faust«.

Natur

Ja, so ist die Natur, seufzte der Oolog,
als der Singvogel stur in seinen Käfig flog.

»Farbenlehre«

Durch die rosa Brille ist das Himmelblau
... schmutzig grau.

Magistra vitae

Geschichte schreibt alles ab,
auch Tatsachen, die es nie gab.

Credo

Woran ich glaube? Erlaube!
Natürlich an die Fakten.
(Doch nur an die nackten.)

Selbdritt

Bin ich einmal mit mir allein,
dann mißtraue ich allen drei'n.

Kleines Latinum

Amen?
Sed tamen!

Eius ratio –
cuius reputatio.

Mars pro toto?
Ars pro toto.

Sumus,
sed non possumus.

Roma locuta, causa finita.
(So wachsen meine Inedita.)

Gerechtigkeit

Sonderbar intakt
ist die Waage der Gerechtigkeit.
Die Wahrheit wiegt darauf nackt
schwerer als im Kleid.

Soll und Haben

So läßt man uns beide hasten,
ohne daß wir uns erreichen.
Ich trage das Kreuz der Lasten
und du – das Parteiabzeichen.

Preisfrage

Ich hätte, um alle Welt,
noch gern die Frage gestellt:
Was dieser Tragödie Held
von seinem Autor wohl hält.

Archäologie

Man führte einen Prinzipienstreit
um Jungfräulichkeit in jüngerer Zeit.
Und wer hat die Frage derart erwogen?
Es waren zwei alte Archäologen.

Abc

Ich verzichte gern auf die Gunst
der Bildung auf euren Pennen,
wo die Meister der Schönschreibkunst
nicht lesen und schreiben können.

Wegweiser

Gehst du auf Reisen,
dann überleg:
besser ohne Weiser
als ohne Weg.

Kleinigkeit

»Ein Epigramm zu schreiben«, sagte eine Gewitzte,
»dazu gehört doch nicht viel!«
Sie setzte sich hin, hustete, schwitzte
und schrieb – ein Trauerspiel.

Vom Wert der Wörter

Wo man den wirklichen Wert
einzelner Wörter erfährt?
Bei der sympathischen Dame
am Postschalter »Telegramme«.

Wie?

Durch welches Wunder, wie
kam er in die Anthologie?
Durch das natürlichste eben,
er hat sie herausgegeben.

Überall

Überall, wo ich bin,
komm ich mir zwiespältig vor.
Ich hab keinen Sinn für Humor
ohne den Wirklichkeitssinn
und keinen Wirklichkeitssinn
ohne den Sinn für Humor.

Streit

Wo zwei sich streiten,
da freut sich der dritte
und siegt, gewöhnlich durch List.
Im Zweikampf fielen
Engel und Teufel,
am Leben blieb – der Stilist.

Kleine Prosa
(Nachlaß)

Einbildung

Immer will mir scheinen, ich sei ein Geistlicher eines außergewöhnlichen Ordens.
Ich begleite die Delinquenten auf ihrem letzten Weg zur Hinrichtung, erzähle ihnen Witze und bin besessen vom Glauben, ich selber würde nach der Exekution heimkehren dürfen, ungeschoren.

Rechtschreibung

Ich blättere in zweihundert Jahre alten Zeitschriften.
Was für ein Zauber der Sprache!
Und wer, zum Teufel, schert sich heute darum, ob der damalige Autor damals nach der damals verbindlichen Syntax geschrieben hat?

Naturkunde

Seweryn sah entsetzt zu, wie ich mit eigener Kraft langsam über den Garten emporzuschweben begann.
»Wie denn«, entrüstete sich Seweryn. »Hast du das Gesetz von Newton immer noch nicht begriffen?«
»Nein, leider«, gab ich davonfliegend zur Antwort. »Was besagt es denn?«
Im laufenden Schuljahr hatte ich nämlich in Naturkunde ein definitives Ungenügend.

Nicht aktuell

Ich fand unter meinen Manuskripten alte Satiren, die die Redakteure seinerzeit ihrer Naivität wegen verworfen hatten.
Heute wäre es sinnlos, sie drucken zu lassen. Ihr Inhalt ist Wirklichkeit geworden.

In London

Ich war zu Besuch in London.
Mein achtzehnjähriges Kusinchen aus Australien, das notabene vor einigen Jahren aus Polen ausgewandert war, kam hier zum ersten Mal im Leben in eine Synagoge – anläßlich der Vermählung unseres Bekannten.
Sie sah sich um im Bethaus, war verwundert und fragte:
Und wo habt ihr hier das Foto des Herrgotts hängen?

Verlorener Glaube

Als ich auf einigen Bildnissen ernstzunehmender Meister den Herrgott sah – einen älteren Herrn mit Glatze –, war mein Glaube an jegliche Haarwuchsmittel restlos verloren.

Rätsel

Name, Vorname, Geburtsjahr und Ort, Adresse, Beruf, Familienstand usw. usf., dazu das polizeiliche Führungszeugnis und die sonstigen öffentlich zugänglichen präzisen Informationen zur Person sind bekannt.
Unbekannt ist – und darin besteht das Rätsel –, wer dieser Mensch *in Wirklichkeit, insgeheim* ist.
Für die Lösung des Rätsels haben die staatlichen Organe soundso viele ... Jahre Gefängnis ausgesetzt.

Schweigepflicht

Manchmal kommt es mir in den Kirchen vor, als blinzelten mir die Heiligen dort vieldeutig zu: Begreif doch, hier und jetzt können wir nicht frei reden, warte einen Augenblick ... Und dann ertappe ich mich, wie ich einen Augenblick danach – vor dem Tempel warte, in der Hoffnung, es komme jemand, es mir zu sagen ...

Sachgerecht

Der Mensch hat ein sachgerechtes Verhältnis zur Welt.
Ich dachte darüber nach, als ich mit einer Pferdekutsche von Chabrowka nach Ponic fuhr.
Mir fiel auf, wie wenig uns das Kreisen der großen Erde um ihre Achse, sogar ihr Kreisen um die Sonne! erschüttert – viel weniger als das kleine rollende Rad eines beliebigen Bauernkarrens!

Fehlanzeige

In einem Staat, in dem es an allem fehlte, sagte X zu Y: Angeblich gibt es, laut Statistik, bei uns auf hundertfünfzig Bürger einen Spitzel.
Y wunderte sich: Wieso? Haben wir auch davon nicht genug?

Feststellung

Ich bekenne, daß ich in Interviews neuerdings sehr häufig die Wendung »ich bekenne« gebrauche beziehungsweise von meinen Interviewern zu diesem Gebrauch verleitet werde.
Ich bekenne, daß mich dieses *Zeit*wort nachdenklich stimmt.

Am Pranger

Am Pranger vor dem Rathaus in Posen wurde der strafenden Justitia der fehlende, weil im Kriege zerschmetterte Kopf ersetzt.
Interessant – ob und wodurch sich das Gesicht der neuen Gerechtigkeit von dem der alten unterscheidet.
Jedenfalls hat es Justitia einfach.
Verliert sie ihr Gesicht, bekommt sie ein neues gratis.

Eines Tages

Ich saß eines Tages im Café. Ein seltsames Gefühl bedrückte mich. Sicherlich kennen Sie es alle. Ein Gefühl, das man nicht lokalisieren, nicht präzisieren kann, um dessentwillen man bereit wäre, ganze Wörterbücher zu durchstöbern: nur um auf seine Spur zu kommen.
Etwas fehlte mir.
Da trat plötzlich jemand an mich heran und fragte: »Verzeihung, haben Sie nicht zufällig Lec gesehen?«
Da merkte ich, daß ich in diesem Café überhaupt nicht vorhanden war.
Mir fehlte meine Identität.

Traumverbot

Es war im Staate X. Ich nahm ein Hotel, legte mich müde zur Ruhe, schlief ein. Ich weiß nicht, wie lange ich geschlafen hatte, als mich plötzlich ein heftiges Klopfen an meiner Tür weckte. Es war der Hausmeister: aufgebracht und streng.
»Ich bitte Sie« – rief er, schrie er fast – »bei uns wird tief geschlafen, nicht geträumt!«

Alt und neu

Unlängst hatte man am Alten Markt, an einer seiner malerischen Ecken, das Fragment einer alten Gosse kunstgerecht rekonstruiert. Ein historischer Film sollte gedreht werden.
Nachts ging ich dort, zufällig, vorbei und sah die Bescherung.
In der künstlichen historischen Gosse lag ein echter moderner Mensch.

Verdienste

Man hatte mir einen Taubstummen gezeigt, der einen riesengroßen Tapferkeitsorden trug.
»Wofür?« fragte ich.
Als eines Tages, grundlos, die große Glocke Alarm geschlagen hatte – antwortete mir der Nachbar des Glöckners lächelnd –, sei er als einziger ruhig und gefaßt geblieben.
Womit er seinen Mitbürgern für alle Zeit zum Vorbild geworden war.

Trost

Wenn die Medizin den degenerierenden Menschenkörper gerettet haben wird, wenn die Politiker die uns beängstigenden Massenvernichtungsmittel wie alt gewordenes Spielzeug über Bord geworfen haben werden, wenn es den Poeten gelungen sein wird, verlorengegangene Empfindungen wiederzufinden, wenn die Psychoanalytiker uns von den Komplexen befreit haben werden und die Urbanisten uns aus den gigantischen Katakomben der City hinausgeführt haben werden etc., etc., etc.,
werden wir vielleicht plötzlich wieder nackt und ohne Scham und so unschuldig sein,
daß wir nur ab und zu zu einem Stein greifen werden, um mit ihm einen zweiten Glückspilz, wie wir einer sind, zu erschlagen.

Die Welt wandelt sich

Es war einmal ein Kaiser, der besuchte eine seiner entfernten Provinzen. Er wollte die neuerbauten Siedlungen besichtigen. Der Gouverneur, dem der Trick des Fürsten Potemkin aus der Geschichte bekannt war, ließ längs der Straße, die sein Kaiser fahren sollte, eilig Attrappen aufbauen. Alles war falsch wie damals im 18. Jahrhundert – nur eins war nicht geplant und also echt: die Aufschriften an den Wänden. *Nieder! Nieder! Nieder!* So konnte man es auf den mit Putz überworfenen Pappkulissen lesen.
Als man den Betrug entdeckt hatte, wurde der Gouverneur auch des vorgetäuschten Volkszorns wegen schuldig gesprochen.

Von einem Hund

Er gehörte den Herrschaften M. Ein alter, zottiger Pudel. Die Haare fielen ihm bereits aus, die rostige Haut kam immer mehr zum Vorschein. Kinder, sogar Erwachsene machten sich über ihn, dieses komische und tolpatschige Knäuel, lustig. Die Herrschaften M. meinten jedoch, er sei ein »Schlaumeier«.
Ich traf sie in einer Hotelhalle. In den Speiseraum durften Hunde nicht hinein, also lag »Schlaumeier« draußen, an ein Tischbein gebunden, und schlummerte. Die Kette hatte sich so gestrafft, daß »Schlaumeier« darauf sein Köpfchen stützen und fest einschlafen konnte.
Und da begriff ich, daß er seinen Beinamen zu Recht bekommen hatte. Er nutzte seine Kette unter den gegebenen Umständen auf die bestmögliche Art.

Von der unterschätzten Laryngologie

Am Hofe des König Minus räusperte sich einmal ein Höfling (vielsagend). Der Zeremonienmeister sah ihn an (vielsagend).
»Mein Hals« – entschuldigte sich heiser der Höfling.
Der Hofmeister zog eine Dragéeschachtel aus der Tasche.
»Gegen Heiserkeit, das hilft.«
Der Höfling nahm eine Pille vorsichtig zwischen die Finger, schluckte, räusperte sich; zum letzten Mal in seinem Leben.
Die im Saal Versammelten hielten den Atem an. Sie schauderten vor Angst, sich womöglich auch räuspern zu müssen; noch hatte nämlich der Zeremonienmeister sein Döschen mit den Dragées nicht zugeklappt.

Von Blindgängern

Mitten im Krieg pflügte ein Bauer sein Feld. Ein feindlicher Flieger flog gerade über das Tal. Er ließ, wie das die feindlichen Flieger so tun, eine Bombe fallen.
Ich mag keine Greuelgeschichten, und ich hätte diesen Vorfall niemals erwähnt, wenn er nicht ein unerwartetes Happy-End genommen hätte. Obwohl die Bombe den harten Schädel des Bauern traf, detonierte sie nicht. Sie grub sich unkrepiert tief in den Acker ein.
Neben dem krepierten Bauern.

Von besorgniserregenden Geschenken

In einem exklusiven Restaurant im Ausland (wo alle Gaumen auch noch so exotischer Gäste verwöhnt werden können) fiel mir ein Herr auf, für den gerade ein paar Geierleberchen flambiert wurden.

Nach einigen Besuchen in diesem Etablissement kam mir die Erleuchtung.

Ich verneigte mich im Vorübergehen vor dem Gast und flüsterte ihm vertraulich zu:

»Meine Hochachtung, Herr Professor *Prometheus*.« Er machte große, herrlich vizegöttliche Augen.

Das nächste Mal überreichte mir der Garçon ein Päckchen mit einem Souvenir von ihm. Ich eilte nach Hause, um es dort zu öffnen. Ein kleines, goldenes Feuerzeug kam zum Vorschein, ausgezeichnet intakt. Ein Wörtchen war darin eingraviert: Pssst!

Seitdem quält mich die Ungewißheit:

Ob es nicht etwa irgendwem gestohlen wurde?

Von unlauteren Methoden

In Nizza habe ich in einer Hafenhalle einen Käfig mit einem aus Indien eingeführten Tiger gesehen.
Der Schrei der Bestie, der das Mittelmeerpanorama zerriß, lockte mich herbei. Ich stellte fest, daß die Wut das Tier immer dann packte, wenn der Fänger dem Käfig näher kam. Angeblich soll er das wilde Tier im Dschungel durch eine List eingefangen haben. Er hatte sich als Beauftragter des Zirkus »Ciniselli« ausgegeben, der in der ganzen Tierwelt wegen seiner hervorragenden Käfigianer-Küche berühmt war; in Wirklichkeit aber arbeitete er, wie es sich bald herausstellen sollte, für den elenden Zirkus »Oklahoma«.
Ohweia! Wie das einmal enden soll! Schon heute fährt der betrogene Tiger aus dem Gitter seiner gestreiften Haut!

Von erfüllten Träumen

Ich schlenderte durch den herbstlich gelb-roten Schloßpark, den meine neureichen Bekannten erstanden hatten, als plötzlich ein Frosch vor meinen Füßen aufsprang. Nichts Besonderes natürlich. Ich hätte ihm keine größere Aufmerksamkeit geschenkt, außer dieser, das Wesen nicht totzutreten; beileibe nicht aus Mitleid, eher aus Ekel. Aber da war noch ein zarter Klang dabei; anders als der von einer angerührten Blume; um so weniger, da es im Herbst in diesem Schloßpark sowieso keine Glockenblumen gab. Vor meine Füße war eine winzige Krone aus purem Gold gerollt. Ich sah mich um im Gras.
Unweit saß der Frosch und starrte mich mit entsetzten Augen an. Sie waren angsterfüllt und wie hypnotisiert. Ich bückte mich nach der Miniaturkrone, trat ein paar Schritte näher, erwies meine Reverenz, sagte galant: »Prinzessin« und setzte das Insignium auf den Froschkopf. Der Frosch schloß seine Augen, und als er sie wieder öffnete, hatten sie einen sanften, leicht melancholischen Ausdruck. Er sagte: »Ich spare mir jede Einleitung, Sie scheinen ein Intellektueller zu sein, also werden Sie mich und das Märchen wahrscheinlich kennen. Ich besitze die Macht, Wünsche zu erfüllen: Sie dürfen sich etwas wünschen.«
Ich äußerte meinen Wunsch.
»Ich möchte, daß die Menschen der ganzen Welt sofort

wüßten, was ich denke; damit ich mir das Pochen an die Türen der Redaktionen und Verlage erspare.«
»Gut.«
Der Frosch machte einen Sprung und war verschwunden. Im selben Augenblick verspürte ich eine gewaltige Bewegung im Kopf. Meine Gedanken fielen mir plötzlich freier und deutlicher ein.
Freudig erregt schlenderte ich weiter im Park. Als ich nach einer Viertelstunde zum Schloß zurückkam, stellte sich mir ein Gendarm aus dem unweit gelegenen Gouvernementstädtchen in den Weg. Er schlug sehr dienstbeflissen mit der Hand an seine Fellmütze, blinzelte sehr dienstbeflissen mit einem Auge und zeigte mir die Richtung, in der ich unverzüglich zu gehen hätte.
Nicht nur er wußte, worum es ging, auch ich wußte es genau. Und er wußte, daß ich wußte, daß er wußte, daß ich wußte ... Aber lassen wir das; schließlich wurde ich nicht von Ihnen zu Protokoll genommen.

Das Modell

Ich protestiere! Warum dürfen nur Maler und Bildhauer lebende Modelle für ihre Akte beanspruchen? Gilt denn ein Dichter weniger?
Ich beschreibe einen Akt. Nach einem Modell, das vor mir steht, nackt, wie eine frisch geschälte Nuß. Papier ist da, Bleistift ist da, Augen sind da. Nur – mir fehlen die Worte!

Musterexemplar

Ich weiß nicht, ob ich es schon erzählt habe, daß ich seit einiger Zeit, wenn ich erregt bin, Selbstgespräche führe. Wahrscheinlich bin ich nicht der erste und nicht der letzte, der so etwas tut. Vor allem nicht unter Satirikern. »Zeigt mir das Musterexemplar von einem Menschen!« rief ich eines Tages unter anderem.

So meinte wenigstens ein Engel, der plötzlich vor mir stand und Antwort gab:

»Komm mit mir« – sagte er – »ich will dir dieses Muster von einem Menschen zeigen.«

Er führte mich in die Ödnis, wo in einer Einsiedelei mit Vollpension, Wäsche usw. jenes Muster lebte.

»Ich bin das Muster von einem Menschen« – sagte dieses, als ich ihm vorgestellt wurde, und es fügte mit einer bescheidenen Ehrlichkeit, die ich natürlich erwartet hatte, hinzu – »das zur Serienproduktion nicht zugelassen wurde.«

Lob der Wirklichkeit

In Purpur, die Krone auf dem Haupt, mit Apfel und Zepter in der Hand, schritt Er die Stufen der Treppe hinab. Am Fuße der Treppe jubelte die unübersehbare Menge, in Erwartung Seiner Majestät. Da trat Er unvorsichtigerweise auf einen Zipfel des Hermelins und fühlte, daß Er sogleich ... wer weiß, wie viele Stufen hinab ... stürzen würde ...
In diesem Augenblick erwachte Er und merkte, daß ihm nur ein Bein aus dem Bett gefallen war und sich in den Zipfel der Decke verwickelt hatte.
Er setzte sich, beide Füße fest auf dem Boden, besser: auf dem Bettvorleger seines Staatssekretärs, und atmete auf.
So hart, wie man sie träumt, ist die Wirklichkeit eigentlich nie.

Bruchstücke

Seepferdchen wiehern,
das heißt,
es ist Zeit, die Sehnsucht
zu satteln.

Ob die künftigen Epochen
die Chiffren
unserer Sprache
begreifen werden?

Die einen reden schweigend,
die anderen schweigen redend.
Wer hat mehr zu sagen?

Der Leithammel schellt
mit seinen Orden.

Der Mensch ist gut – sagte der Mensch.
Der Mensch ist dem Menschen ein Wolf – sagte ein anderer Mensch.
Warten wir auf die objektive Aussage des dritten.

Ich tröste mich damit, daß Sterne, die in den See stürzen,
nicht bewohnt sind.

Es gibt Tränen, die lustiger sind als das Lachen.
Es gibt Lachen, das trauriger ist als das Weinen.
Wasser überschwemmt Länder.
Länder verdrängen das Wasser.
Gib acht, daß dein Blut von keiner Bestimmung getrübt wird.

Mit dem Ellenbogen schreiben.

Den Menschen improvisieren.

Ist das derselbe Gutenberg, der die Druckfehler erfunden hat?

Neologismen

Argumentalität.
Alibido.
Dematerialismus.
Heros-trat-es?
Hormonielehre.
Konformalismus.
Mitgiftschönheit.
Ungeistesschaffende.
Werktätige Unintelligenz.
Wohltätigkeit? – Wohlpassivität.

Pessimismus

Betrachte die Welt genau –
zwei Minuszeichen
über Kreuz
bilden
das Große Plus.

Nachtrag

Jemand
aus dem Westen
erzählte mir
vom schreienden Unrecht
in seinem Lande.
Wir sprachen
von diesem bedrückenden Zustand
bis in die Nacht.
Als er gegangen war,
raunte mir ein Teufel zu:
Wenn aber das Unrecht
noch schreien darf,
dann ist es doch gar nicht so schlimm,
oder?

Frühe Gedichte
1933–1952

Schwarz

o hände die die schwarzen feuchten räume grüßen
gedankenangst vor dingen welche morgen kommen
in unsren nervösen füßen
ist noch die tanzende unruh nicht verglommen

lästig wie fliegen umschwirrt uns das was wir vermuten
die fledermauskalte hand raubt uns die warmen vibratos
wir träufeln deshalb bedacht in die dünne bahn des blutes
die tapfere sanftheit des pathos

vom schwarzen marmor der nacht fließen ständig ideen
wie sterne von dächern in strömen in den regennächten
brich aus in das wahngelächter der lampe – und du wirst
  sehen
in den lichtbedrängten gesichtern den düsteren schatten
  des wächters ...

1933

Bekanntmachung

er stand vor dem zaun sein blick
    hing gierig wie eine klette
am blau-roten anschlag fest
    es war in den morgenstunden
er blieb dort an einem buchstabenbuckel
    hängen als hätte
er endlich ein stilles bequemes
    ruhebänkchen gefunden

mein unverfrorener blick folgte
    sogleich dem seinen
ich konnte zwar nichts begreifen
    nur das daß die farben brennen
und daß sich das blau und das rot
    sehr tragisch violett vereinen
der neben mir kaute worte ich sah es
    um nicht zu flennen

ich fühlte nur die verzweiflung
    im sinn jener worte wimmern
und wie ein seltsamer tanz
    die ruhe der zeilen entstellte

und daß ich dann etwas sagte
  mit sehr veränderter stimme
und daß sich zu uns die freundschaft
  sofort als dritte gesellte

1933

Morgen

Ich weiß, daß ich mich einmal erneuern werde,
hineingewachsen ins Bewußtsein wie in Erde,
und daß mein Kopf dann neue Lyrik knospen wird
wie Blätter.
Mein Blut wird neue Lieder schmettern,
und meines Herzens saftige Kirsche
wird Freude sprengen,
die heute als Keim in ihr schlummert.

Nur das schmerzliche Lächeln, lauernd
im Winkel des Mundes
wie in einer Bucht der Trauer,
unversiegt,
wird mir bleiben,
ich werde es tragen,
dieses Mal vom heutigen Tage,
wie eine tiefe Wunde
vom Krieg.

15. 1. 1937

In den kleinen Städtchen

Wie morsche Stümpfe auf Wiesen
glimmen die kleinen Städtchen
mit Nestern von kalten Feuern.
Bienenstöcke der Wehmut. Wo Juden
die Trauer tragen auf Lidern
in ihre Häuser, die schräg sind wie Gräber.
Der Kater leckt Sonnentropfen
von Fensterscheiben. Dann flieht er,
trunken vom Licht, in den Wald. So ist's dort.
Und jedes Haus
stützt den Himmel
mit sieben Armen aus Licht.
Die restlichen Hände leuchten
mit schmerzlicher Apathie.

Pferde an Häuser gebunden.
Ein Peitschenknall taucht das Städtchen
in grünen Sturmwind der Wiesen.
Doch das ist Täuschung.

Ziegen mit Jungrabbi-Bärten
verwischen Messias' Spuren,
die magersten Josephskühe
brüllen Stundengebete

dumpf auf dem Friedhof des Lebens – dem Markt.
Gewitter dunklen Geschehens
erschüttern die über dem Fetzen Welt
gespannte brüchige Plane der Nacht.
Meteore schlagen tückisch
in Patriarchenschädel,
und danach betten sich staunend
die Leichen lang zu Alleen.
Aus Gräbern keimt wieder Gras.

1938

Im Café am Ring

Hier ist die Ernte des Lebens,
das hülsenlose Fruchtfleisch,
frisch oder faul oder unreif.
Die Welt schwappt mir ins Auge,
die rote, gelbe, grüne,
ich höre Stimmen, gemahlen zwischen den Zähnen
zu Mehl von verschiedener Feinheit,
spüre Geschmack im Zucken der Zunge,
Geruch in den Falten der Nüstern,
Mücken voll meines Bluts schwirren in den Fingern.
Ich versuche Schlüsse zu ziehn,
soziologisch,
aus der Gesellschaft um mich,
die ich jetzt entkleide, nackt.
Gleichgültig für die Funktion meines Hirns
schlägt sie hier Farben, duftet und stinkt
und prallt mit Stimmen auf Stimmen.
Zwei Homoerotiker sitzen
im Balzacschen Alter.
Vor ihren Säuglingsblicken
wären Blicke von Mönchen und Nonnen
ein Laster.
Ein Jüngling nimmt seine Brille ab
und putzt sie sorgfältig mit einem Tuch

und taucht seine schamlos entkleideten Augen
in diesen Nebel der Aussicht;
er rezitiert
seiner hochgeschürzten Ziege
aus dem Gedächtnis
Hofmannsthals Marmor.
Ein Buckliger prüft gegen das Licht
eine Briefmarke aus San Marino.

Mein Freund, der Volkswirt,
hat sie im Herbarium alle,
ich aber sehe sie täglich lebendig,
ich suche die Hände mir blutig
beim Waschen des Sandes nach Gold.
Man müßte sie
ordnen im Chaos
meiner Erkenntnis.
Aber mein Herz schlägt zu schnell.

Kommt, laßt uns waschen den Sand,
ich fand schon einige Körnchen.
Kennt ihr des Lebens Gold?
Wer wollte die Prägung wagen?

Herr Ober, zahlen!

Wien, 1947

Wiener Kaprice

Durch Irrtum Jahrzehnte zu spät
geboren, fasse ich mich
im letzten Moment zusammen,
um nicht auf die Straße zu laufen
paradeuniformiert
als Rittmeister der k. und k.
Kavallerie...
Zurück!
Durch Irrtum in diese neue
Demokratie verschlagen,
stehle ich mich durch die Straßen
mit Namen von Erzstatthaltern
an stillosen Häusern vorbei,
den »Aufschwung zum...« nicht zu stören.
Hier schreibe der Referent
der Klio das angebrachte
Ziel der Geschichte hinzu,
das ich jetzt durchkreuzen könnte,
eilend zum... (bitte Ergänzung).
Ich aber wollte jetzt nur
die Fahrbahn schräg überqueren,
um der Geschichte den Gehsteig
auf der gebotenen Seite
passierbar zu lassen...

doch jemand
schrie mich da an:
Zurück!
Vom Strom der Passanten erfaßt,
marschiere ich zum ... O Gott,
die Menge wird mich auf ihre
athletischen Schultern heben
und so an die Spitze des großen
Zuges der Zeiten zum –
tragen, und ich, ich wollte
ja nur auf die andere Seite,
ein Sträußchen Veilchen, wie immer,
der reizenden Lola kaufen;
damit sie aus ihnen zwischen
den Tasten ihres Klavieres
Tropfen Musik mir presse;
von denen die im Salon
im Dunkel Sitzenden meinen
werden, es seien Tränen
des Rittmeisters (k. u. k.)
der Kavallerie ...
Zurück!

1948

In Salzburg

Denkmalschluckende Flora durchpulst den Park
am Schloß Mirabell im Blutsturz der Rosen.
Hier strahlt ein jedes Insekt so viel Sonne aus,
daß es die Winternacht festbeleuchten könnte.

Als schlüge die Zeit nicht,
die auf mich einschlägt.
Als gäb's nur den Johnny vom Staate Utah,
der ein Hufeisen wirft gegen das Ziel
und der ab und zu im Munde den Kaugummi wendet,
während sein Herz vor Freude zerspringt.

Und weil das Camp der Juden,
der Exilierten von Zeit und Raum,
nicht weit ist, kniet hier den Rosen zu Füßen
ein kleines Mädchen
mit Augen wie Psalme
und spricht zu der Rose polnisch
am Schloß Mirabell,
vielleicht zum letzten Male:
Rose, Rose, Rose,
kleine Psalmistin, polnisch.

1950

Mein Tod

Ich bin unsterblich.
Nichts kann mich töten.
Kein Hunger, kein Frost, kein Krieg.
Nichts tut mir was zuleide,
nicht Pest, nicht Feuer, nicht Wasser.
Stürzende Bäume zerbrechen wie Halme
an meinem brüchigen Kahn.
Autos verbeulen ihre blechernen Flügel,
wenn sie mich streifen.
Löwen beißen sich ihre Zähne aus.
Von Wölfen, Füchsen und kleinerem Wild
kein Wort, es wäre vergeudete Zeit.
Berstende Berge erreichen mich
nur noch als Staub.
Das Wasser umwedelt mich wie ein zahmer Hund.
Auch der Mensch, das Überprodukt der Schöpfung,
schießt seine Bleikugeln gegen mich ab,
ohne zu treffen.
Aber im Winkel des Hirns,
da trage ich meine Achillesferse,
tödlich verwundbar
vom kleinsten Hauch einer Phrase.

1950

Antrag

Ich sagte es schon:
Ich glaube immer noch an die griechischen,
römischen Götter und
bete die Götter Ägyptens an,
ich würde noch heut
den besten Bekannten
dem Gott der Azteken opfern.
Die slawischen Götter, Światowid und Perun
leben für mich noch immer.
Mein Wald ist voll Elfen,
mein Wasser voll Nixen und Nymphen.
Der Baum hier hat eine Stimme,
der Grashalm einen Namen.
Ich glaube, daß meinen Bekannten Kalixt
(den Namen muß ich verschweigen)
täglich der Geist der Dummheit heimsucht.
Ich glaube an Zauber und Wunder,
die überirdische Macht der Dichtung,
und daß die Frau des Poeten X.
eine Muse ist.
Aber ich glaube nicht, glaube nicht, glaube nicht
an die Systeme der heutigen Religionen,
an ihre mechanische Hierarchie,
wo in Zentralen oder Filialen der Provinzen

Amtszeit ist von acht bis eins und von drei bis sechs,
beziehungsweise in anderen Stunden,
je nach örtlicher Vorschrift.
Im Namen der heilen Vernunft und
der Mystik des Alls
beanspruche ich das Recht auf den Unglauben.
Amen.

1950

Heimweh

Die Welt am anderen Ende
vergeß ich nie.
Wohin ich geh, mich auch wende,
suche ich sie.

Das Lachen lockte dort heller
und jeder Blick;
so eile ich immer schneller
dorthin zurück.

Ich geh durch die Jahreszeiten
in Zuversicht,
daß sie dort unter den Weiden
warten auf mich.

Ich muß meinen Weg vollenden.
Erlischt mein Keim –
dann sei es in Mutterhänden,
es sei daheim.

Jerusalem / Tel Aviv 1950–1952

Späte Gedichte
1961–1964

An Abel und Kain
1961

Wo die Hyänen

Wo die Hyänen das Lachen
regieren, ist dieses am Aas
gemästet, sein Echo trägt tief
und tönt wie dumpfes Gestöhn.

Erbarmungslos ist die Muse

Erbarmungslos ist die Muse,
wie alles, was Macht verwaltet;
der sterbende Graphomane
erheischt ihren Kuß vergeblich.

Uns amüsiert

Uns amüsiert die Groteske
der Straftat, das Raffinement
des Verbrechens; er, dieser Alltag
von heute, vertieft den versiegenden
Quell des Humors.

Troja

Troja ruht längst in Museen,
doch läßt es die Schwerter nicht rosten;
noch immer muß ich mich fragen –
es stürmen oder beschirmen?

Vielleicht

Vielleicht aber stammt der Mensch
von einem andern Planeten?
Denn einmal ist er zu klein,
dann wieder zu groß für die Erde.

Die nichts

Die nichts
zu sagen haben,
sollten doch lieber schweigen.
Wie musikalisch rein
wäre der Chor der Menschheit.

Schwarz auf weiß

Etienne de Silhouette
wollte das Sein des Menschen
schwarz auf weiß beweisen.
Um wieviel schöner schneiden
die Silhouette des Menschen
aus schwarzen Hintergründen
mit ihren Blitzen Gewitter.

Lernten wir

Lernten wir einmal die Kunst,
die Sandkörnchen zu unterscheiden,
dann rieselten mit mehr Lust
die Wüsten in unserer Sanduhr.

Er streckte

Er streckte den Menschen
seine Rechte entgegen –
statt des Händedrucks
bekam er den Groschen.

Nach langem Feilschen

Nach langem Feilschen
mit sich selbst
beschließt der Mensch
zu sein.
Zugleich
faßt denselben Entschluß
der Tod an seiner Seite.

Du spiegelst dich

Du spiegelst dich
in der Träne,
im Staunen,
im geschlossenen Lid,
bleibst an der Wimper,
im Silberblick
und Entsetzen hängen;
sovielmal du existierst,
sovielmal
mußt du sterben.

Ich stieß

Ich stieß auf Unverständnis,
es gelang mir, es zu blenden.
Es gab mir recht.
Ein Blatt aus der Geschichte
meiner Niederlagen.

Und die ihn früher

Und die ihn früher verfolgten,
brüsteten sich danach
nicht ohne Grund, sie seien
seinen Spuren gefolgt.

Der Mensch verdoppelt

Der Mensch verdoppelt, verdreifacht
sich, um nicht einsam zu sein.
Allein er verdoppelt, verdreifacht
nur sein Alleinsein.

Bleisoldaten

Der Krieg begrub
auch die Bleisoldaten.
Sogar das Spiel beschützt uns
nicht vor dem tiefen Sinn,
den es doch
einzig
hatte.

Der Tod

Der Tod ist kein fleischloser Schädel,
er hat eine rote Zunge,
die er uns zeigt
und versteckt
und wieder zeigt
und versteckt,
wie jenes wasserbetriebene Spielzeug
im Garten des Bischofs
von Salzburg.
Schrecklich ist der Barock des Todes.

Wenn ein Dichter

Wenn ein Dichter
an Gittern rüttelt,
sage nicht, wie anders
klingen Harfen!

Geh auf den Flohmarkt

Geh auf den Flohmarkt der Geschichte;
du kaufst dort für lumpige Groschen
Gesten, für die man noch gestern
mit Blut und mit Leben zahlte.

Unter dem Haufen

Unter dem Haufen von Steinen,
dem Rest meiner frühen Adressen,
liegt auch mein steinernes Herz
zertreten.

Noch einmal, ach

Noch einmal, ach,
diese Flügel öffnen,
mit denen ich damals
der Erde
nicht entfliehen konnte –
vielleicht
könnte ich jetzt
mit ihnen zur Erde
zurückkehren,
ohne am eigenen Schatten
zu zerschellen,
der unten
noch vor mir
landet.

Wir schlucken

Wir schlucken den Haken herunter –
noch träumt unser letzter Atem
vom Anker, Symbol der Hoffnung,
wir – sehnen uns nach dem Schmerz.

Zu kurz

Zu kurz ist die Hand des Todes,
den Menschenmund zu versperren.
Durch ihre Knochenfinger
pfeift er auf ihn – zum Protest.

Den einen

Den einen
sind Adlerschwingen,
den anderen
Engelsflügel gegeben,
man kann sie schießen
das ganze Jahr.
Es schickt sich nicht,
daß sie wie Enten
nach Schonzeit
verlangen.

Seltsame Schnecken

Seltsame Schnecken sind wir!
Wir tragen das Haus im Innern
und finden doch schwer zurück
dorthin, wo uns niemand fände.

Blutiger Rassenkonflikt

Blutiger Rassenkonflikt:
die einen werden gemordet,
andere morden die andern –
am zahlreichsten sind die Bastarde:
mordend gemordet worden,
gemordet
morden sie weiter.

Auf Märkten

Auf Märkten
kaufen
die kleinen Neros
smaragdene Bonbons
und sehn
durch die klebrige Süße
die blutigen Spiele
von morgen.

Menschen

Menschen durchwandern sich selbst
und haben den Blick von Nomaden.
Auch wenn sie Wurzeln schlagen
in eigene Stühle und Wände.

Man denke

Man denke,
wie arm an Humor
waren die Alten.
Niemand
kam auf den Einfall,
Atlas zu kitzeln.
Ihm wäre die Welt
von den Schultern gefallen.

Ich betrachtete

Ich betrachtete im Museum
das Make-up einer Mumie.
Wieviel lebendige List
braucht der Tod,
um zu überdauern.

Was hält

Was hält der Wachtposten vom Wachtposten:
der erste vom zweiten,
der zweite vom dritten,
der dritte vom vierten,
was denkt der erste Wachtposten
vom sechsten,
was denkt der sechste
vom ersten –
die Schnittpunkte dieser Gedanken
bilden das Netz,
in das Menschen
verstrickt sind.

Wir haben die Schrift

Wir haben die Schrift der alten
Indianer verlernt,
die beredten Knoten
an Schnüren.
Die Uneingeweihten können
nur noch die eine Schlinge
fehlerfrei
lesen:
jene des Henkers
am Halse des Opfers.

Sie waren

Sie waren in ihrem Innern
lebendigen Leibes begraben.
Um ihnen
das nachzuweisen,
wurden sie
hingerichtet.

Seit 1389

Seit 1389
ist die alte Synagoge zu Prag
nicht erneuert.
Ihre Wände waren
seit damals
mit dem Blut der Juden
befleckt.
Frisches Judenblut
erneuert
im Morgengrauen
die Wände
der Synagoge.

Ein Mensch

Ein Mensch bittet um Zuflucht
in einem anderen Menschen.
Manchmal
muß der, der sie gibt,
sie selbst
woanders suchen.

Alles ist

Alles ist unabhängig
und alles allgebunden;
soll uns dies Kreuzworträtsel
für alle Schlaflosigkeiten
unseres Lebens genügen?

Es gibt noch

Es gibt noch
Glückliche Inseln
in Ozeanen
der Gleichmut.

Mehr Licht!

»Mehr Licht!«
hatte Goethe gesagt,
doch uns betraf das nicht.
Es war der erste Befehl
des Ministers im Fürstentum
des Ewigen Dunkels.

Ich melde

Ich melde, daß ich zur Neige
den Kelch mit Galle getrunken.
Was aber, wenn ich nach mehr
und immer mehr verlange?

Steckbrief
1963

Vielleicht

Vielleicht wär es höchste Zeit
für einen neuen Prometheus,
der diesmal das Feuer den Menschen
zu stehlen käme? Jawohl:
Laßt sie doch kalt sich morden.

Wahrscheinlich

Wahrscheinlich sind wir die Erben
des Urvolkes von Atlantis;
daher das ständige Heimweh
nach dem abhandenen Festland.

Immer

Immer tiefer
fällt der Boden
der Hölle.
Das Fallen dauert
Ewigkeiten.
Immer höher
steigt der Gipfel
des Himmels.
Aber die Himmelfahrt
dauert
sehr kurz.
Wähle.

Gewöhnlich

… Gewöhnlich bleiben
Karyatiden übrig;
mit geheuchelter Mühe
das Nichts
zu stützen.

Alles

Alles
ist Angst
vor der Rückkehr.
Woher
das Echo vom Spähtrupp
auch heimkehren sollte,
es hat Angst
zu versickern
im Hohlraum
unserer Spuren.

Eine Stimme sagte

Eine Stimme sagte:
»Geh in dich.«
Aber dort haben sie mir
schon aufgelauert.
Ich war der Feinde voll
bis an den Mund,
mit dem ich sie alle
verschweigen wollte.

Unübertroffen

In der Lebensdummheit unübertroffen,
klettere ich auf den Siegersockel,
lausche dem Lautsprecher der Schmeichelei
und steck wie in einen Rettungsring
meinen Kopf in den Lorbeer,
der sich ja schließen könnte wie eine Schlinge,
wenn mich der Boden unter den Füßen verließe,
was mir schon manchmal passiert war
in Augenblicken der Geistesblitze,
die blenden.

Sprungbereite Gedichte
1964

Bin ich

Bin ich
kein guter Mensch?
Ich preß
in geballter Faust
aus der blutigen Tragödie
diese paar Tropfen
Lachen,
in denen
der Morgenstern
sich spiegeln sollte,
damit man merkt,
ob es schon dämmert.

Längst

Längst ist das Halbdunkel
meines Waldes gefällt;
neue Bäume wachsen
aus alten Wurzeln,
dichter Schattenregen.
Nicht mein Dunkel,
nicht meine Vögel,
nicht mein Wild
scheut;
mit vorsichtig ausgestreckten
Händen geh ich
durch die schmalen Stollen
des Tags,
und nur manchmal
stolpert mein Fuß
wie zufällig
über die alte
Wurzel
der Kindheit.

Ich reifte

Ich reifte spät,
der Schnee lag hoch in mir,
auf eigenem Eise
die Früchte
frisch
wie am Tag der ersten
Verwunderung.

Notiz

Stanisław Jerzy Lec wurde am 6. März 1909 in Lemberg geboren, verbrachte die Kriegsjahre in Wien, kehrte nach dem Krieg nach Lemberg zurück, wo er 1927–1933 Polonistik und Jura studierte. Er publizierte in mehreren vor allem satirischen Zeitschriften, war im Zweiten Weltkrieg Widerstandskämpfer (Redakteur einer Frontsoldatenzeitung) und deutscher Gefangener. 1949–1950 wirkte er als Presseattaché der Volksrepublik Polen in Wien, 1950–1952 war er Emigrant in Israel, danach Repatriant in Warschau. Mit dem polnischen Oktober 1955 begann seine Karriere als Aphoristiker. Daneben publizierte er Gedichte, meist satirischen Inhalts, Epigramme, Xenien, kurze Prosa. Lec starb am 7. Mai 1966 in Warschau. Mit seinen deutschen Übersetzungen, denen mehrere in anderen Sprachen folgten, begann sein Weltruhm.

Werkverzeichnis

In polnischer Sprache

Barwy (Farben), Gedichte, Lwów 1933
Zoo (Zoo), Satirische Gedichte, Warszawa 1935
Satyry patetyczne (Pathetische Satiren), Gedichte, Warszawa 1936
Notatnik polowy (Feldnotizbuch), Gedichte, Łódź 1946
Spacer cyniką (Spaziergang eines Zynikers), Satiren und Epigramme, Łódź 1946
Zycie jest fraszka (Das Leben ist ein Epigramm), Epigramme und Satiren, Warszawa 1948
Nowe wiersze (Neue Gedichte), Warszawa 1950
Rękopis Jerozolimski (Jerusalemer Handschrift), Warszawa 1957 (2. Aufl.)
Myśli nieuczesane (Unfrisierte Gedanken), Aphorismen, Kraków 1957–1959
Kpię i pytam o drogę (Ich spotte und frage nach dem Weg), Spottgedichte, Kraków 1959
Z tysiąca i jednej fraszki (Aus tausendundeinem Spottgedicht), Warszawa 1959
Do Abla i Kaina (An Abel und Kain), Gedichte, Warszawa 1961
List gończy (Steckbrief), Gedichte, Warszawa 1963

Poema gotowe do skoku (Sprungbereite Gedichte), Warszawa 1964

Myśli nieuczesane nowe (Neue unfrisierte Gedanken), Kraków 1964–1966

Wybór wierszy (Auswahl der Gedichte), Warszawa 1968

Myśli nieuczesane (Unfrisierte Gedanken), Aphorismen, Kraków 1972

Utwory wybrane (Ausgewählte Werke) I–II, Aphorismen, Epigramme, Gedichte, Kraków 1977

In deutscher Sprache

Über Brücken schreitend. Gedichte. Von Helene Lahr ins Deutsche übertragen und von Franz Theodor Csokor mit einem Vorwort versehen. Zwei Berge Verlag, Wien 1950

Unfrisierte Gedanken. Aphorismen. Herausgegeben und übertragen von Karl Dedecius. Mit 10 Bildern von H. Pothorn. Carl Hanser Verlag, München 1959

Neue unfrisierte Gedanken. Aphorismen. Herausgegeben und übertragen von Karl Dedecius. Mit 4 Zeichnungen von Daniel Mróz. Carl Hanser Verlag, München 1964

Letzte unfrisierte Gedanken. Aphorismen. Herausgegeben und übertragen von Karl Dedecius. Mit 5 Zeichnungen von Heinz Edelmann. Carl Hanser Verlag, München 1968

Das große Buch der unfrisierten Gedanken. Aphorismen, Epigramme, Gedichte, Prosa. Herausgegeben und aus dem Polnischen übertragen von Karl Dedecius. Carl Hanser Verlag, München 1972

Spätlese unfrisierter Gedanken. Herausgegeben und aus dem Polnischen übertragen von Karl Dedecius. Carl Hanser Verlag, München 1976

Alle unfrisierten Gedanken. Herausgegeben und übersetzt von Karl Dedecius. Carl Hanser Verlag, München 1982

Allerletzte unfrisierte Gedanken. Herausgegeben und aus dem Polnischen übertragen von Karl Dedecius. Mit Zeichnungen von Zygmunt Januszewski. Carl Hanser Verlag, München 1996

Inhalt

Alle unfrisierten Gedanken

Unfrisierte Gedanken	7
Neue unfrisierte Gedanken	55
Letzte unfrisierte Gedanken	115
Spätlese unfrisierter Gedanken	187
Nachwort	321

Allerletzte unfrisierte Gedanken   333

Editorische Notiz   391

Steckbriefe

Vorwort	399
Epigramme 1936–1966	401
Kleine Prosa (Nachlaß)	433
Frühe Gedichte 1933–1952	459
Späte Gedichte 1961–1964	477
Notiz	505
Werkverzeichnis	507